D1723985

Karl Plehn

Die Apfelbäume hinterm Zaun erröten

33 Gedichtbetrachtungen aus der Zeitschrift PRISMA

(1997–2007)

Ein kleines Lied! Wie geht's nur an,
dass man so lieb es haben kann?
Was liegt darin? Erzähle!

Es liegt darin ein wenig Klang,
ein wenig Wohllaut und Gesang –
und eine ganze Seele.

Marie von Ebner-Eschenbach

Kellner
Bremen • Boston

© Klaus Kellner-Verlag e. K., 2009, Bremen • Boston
Lektorat und Satz: Iris Rahn
Umschlaggestaltung: Waltraut Hedeler, Bremen
Kontakt: Kellner-Verlag, St.Pauli-Deich 3, 38199 Bremen
　　　　Tel. 04 21 – 77 8 66, Fax 04 21 – 70 40 58
　　　　sachbuch@kellnerverlag.de, www.kellner-verlag
ISBN: 978-3-939928-01-0

Vorwort

Immer wieder in letzter Zeit wurde von Leserinnen und Lesern der seit 1997 – von Anfang an in großzügiger Weise unterstützt durch die Bremer Heimstiftung – erscheinenden Zeitschrift PRISMA der Wunsch geäußert, man möge doch alle bisher unter der Rubrik »Besinnliches« abgedruckten Gedichtbetrachtungen als eigenständige Sammlung herausgeben und sie so einem breiteren interessierten Leserkreis zugänglich machen. Ich bin diesem Wunsch gerne nachgekommen und lege Ihnen hiermit meine Interpretationen von insgesamt mehr als 60 Gedichten aus 33 PRIMSA- Heften zur »besinnlichen« Lektüre vor.

Während sich die Auswahl der Gedichte in den ersten Jahren vorwiegend an den vier Jahreszeiten orientierte, war später hin und wieder das Schwerpunkt-Thema der jeweiligen Ausgabe ausschlaggebend für die Aufnahme. In diesen Fällen wird in den Überschriften auf das betreffende Schwerpunkt- Thema hingewiesen. Bis Ende 2007 erschienen 35 Hefte. In Nr. 20 und Nr. 28 fehlte die Rubrik »Besinnliches«. In Nr. 28 wurde jedoch ein Leserbrief zu meiner Gedichtbetrachtung »Mensch und Tier« abgedruckt, den Sie ebenfalls in dieser Sammlung vorfinden, desgleichen mehrere Leserbriefe aus Nr. 11 zur Ballade »Nis Randers« sowie schließlich noch einen aus Nr. 16 zum Thema »Bäume«.

Beim aufmerksamen Lesen werden Sie übrigens feststellen, dass drei Gedichte zweimal interpretiert wurden, und zwar Ludwig Höltys »Mailied« in Nr. 8 und Nr. 19 und die beiden Gedichte »Kindersand« und »Die sonnige Kinderstraße« von Joachim Ringelnatz und Nr. 13 und Nr. 32. Die beiden Veröffentlichungen erfolgten jedoch in einem größeren zeitlichen Abstand – im ersten Fall nach rund drei und im zweiten nach fast sechs Jahren. Außerdem war bei Ludwig Hölty zunächst das Thema »Frühling« ausschlaggebend, später dann die Persönlichkeit des Dichters. Ähnliches - wenn auch in umgekehrter Reihenfolge – gilt für Joachim Ringelnatz: Hier ging es in Nr. 13 vor allem um das dichterische Schaffen des Autors, in Nr. 32 dagegen um den Bezug zu Schwerpunkt-Thema »Spielen«. – Und warum »Die Apfelbäume hinterm Zaun erröten«, verrät Ihnen Erich Kästner in seinem Gedicht „Der Mai" (Seite 15).

Bremen- Schönebeck, im Dezember 2007

Inhalt

PRISMA Nr. 1 (Juli bis September 1997)

Geh aus, mein Herz, und suche Freud

Gedanken und Gedichte zum Thema »Der Sommer«

Wieder zog ein Sommer ins Land – zum wievielten Mal eigentlich, seit es die vier Jahreszeiten gibt? Und wie oft wohl noch wird es uns vergönnt sein, alljährlich einen neuen Sommer zu erleben? Wir haben uns so sehr an den Wechsel der Jahreszeiten gewöhnt, dass wir uns den Ablauf des Jahres überhaupt nicht mehr anders vorstellen können, als wie er beispielsweise in der biblischen Erzählung von der Sintflut beschrieben wird: »Solange die Erde steht, soll nicht aufhören Saat und Ernte, Frost und Hitze, Sommer und Winter, Tag und Nacht.«

Mit zwei Gedichten möchten wir Sie, liebe Leser, einstimmen auf die gegenwärtige Jahreszeit, deren mannigfaltige Schönheiten von *Paul Gerhardt* in den einzelnen Strophen seines bekannten Liedes *Geh aus, mein Herz, und suche Freud* anschaulich dargestellt werden.

Der erste Dichter ist Ihnen sicher bekannt als Autor der Novellen *Immensee* und *Der Schimmelreiter* und vielleicht auch als Verfasser von Gedichten wie *Die Stadt* oder *Knecht Ruprecht*. Es ist **Theodor Storm**, der 1817 in Husum das Licht der Welt erblickte. Wie kaum ein anderer deutscher Dichter hat er uns mit stimmungsvollen Bildern von Heidelandschaft und Nordseeküste seine Heimat nahe gebracht.

In dem Gedicht ***Abseits*** schildert er einen heißen Sommermittag in einer einsamen, fast unbewohnten Gegend inmitten von Heidekraut und Hünengräbern. Einfühlsam führt uns der Dichter eine Situation vor Augen, in der sich der Mensch noch völlig im Einklang befindet mit der ihn umgebenden Natur – ein Zustand, den sich vor allem viele Großstadtbewohner in ihrer zunehmend computergesteuerten Umwelt kaum noch vorstellen können.

Abseits

Es ist so still; die Heide liegt
im warmen Mittagssonnenstrahle,
ein rosenroter Schimmer fliegt
um ihre alten Gräbermale;
die Kräuter blühn; der Heideduft
steigt in die blaue Sommerluft.

Laufkäfer hasten durchs Gesträuch
in ihren goldnen Panzerröckchen,
die Bienen hängen, Zweig um Zweig,
sich an der Edelheide Glöckchen,
die Vögel schwirren aus dem Kraut –
die Luft ist voller Lerchenlaut.

Ein halbverfallen niedrig Haus
steht einsam hier und sonnbeschienen,
der Kätner lehnt zur Tür hinaus,
behaglich blinzelnd nach den Bienen;
sein Junge auf dem Stein davor
schnitzt Pfeifen sich aus Kälberrohr.

Kaum zittert durch die Mittagsruh
ein Schlag der Dorfuhr, der entfernten;
dem Alten fällt die Wimper zu,
er träumt von seinen Honigernten.
Kein Klang der aufgeregten Zeit
Drang noch in diese Einsamkeit.

Der zweite Dichter, **Hermann Allmers,** wurde im Jahre 1858 nach Erscheinen der ersten Auflage seines *Marschenbuches* schlagartig ein berühmter Mann. Sein Geburtshaus in Rechtenfleth an der Unterweser, in dem er 1821 zur Welt kam, ist heute Museum. Es wird von der in Bremen ansässigen Hermann-Allmers-Gesellschaft betreut. Auch Hermann Allmers fängt in seinem Gedicht *Feldeinsamkeit* die Stimmung eines Sommertages ein. Die Verse wurden später von *Johannes Brahms* vertont. Dem Dichter jedoch gefiel die Melodie, als er sie zum ersten Mal hörte, überhaupt nicht. Brahms-Experten hingegen halten diese Komposition für »eines der schönsten und reifsten Lieder« des großen Komponisten. Lassen sie sich nun, liebe Leser, abschließend für ein paar Augenblicke gefangen nehmen von der sommerlichen Stimmung, die Hermann Allmers in diesem Gedicht meisterhaft zum Ausdruck bringt:

Feldeinsamkeit

Ich ruhe still im hohen grünen Gras
und sende lange meinen Blick nach oben
von Grillen rings umschwirrt ohn' Unterlass,
von Himmelsbläue wundersam umwoben.

Und schöne, weiße Wolken ziehn dahin
durch's tiefe Blau wie schöne, stille Träume;
mir ist, als ob ich längst gestorben bin
und ziehe selig mit durch ew'ge Räume.

PRISMA Nr. 2 (Oktober bis Dezember 1997)

Herr, es ist die Zeit.
Der Sommer war sehr groß
Zu drei Gedichten von Rainer Maria Rilke

Der Herbst hat bekanntlich zwei Seiten, eine schöne und eine weniger schöne. Zu Beginn beschert er uns häufig noch eine Reihe herrlicher Spätsommertage mit samtblauem Himmel und farbenprächtigem Laub an Baum und Strauch. Es ist die »gold'ne Herbsteszeit« mit den »leuchtenden Birnen weit und breit«, wie sie *Theodor Fontane* in dem Gedicht über den »*Herrn von Ribbeck auf Ribbeck im Havelland*« so treffend schildert; zunächst also eine Zeit des Reifens und des Erntens – und hoffentlich auch des Dankens für alles, was wir im Laufe des Jahres ernten durften. Und wenn wir Glück haben, dann erleben wir nach dem Erntedankfest sogar noch einen »goldenen Oktober«, bevor dann der Herbst endgültig sein anderes Gesicht zeigt. Es folgt der »graue November« mit seinen trüben und nur allzu oft nebelverhangenen Tagen, mit Volkstrauertag, Totensonntag und Friedhofsbesuchen, mit den Gedenktagen Allerheiligen und Allerseelen – nach *Erich Kästner* der »Monat mit dem Trauerflor«.

Die andere Seite des Herbstes: Eine Zeit des Stillwerdens und des Nachdenkens, der Einkehr und der Besinnung. **Rainer Maria Rilke** führt uns in seinem Gedicht **Herbsttag** beide Seiten dieser Jahreszeit anschaulich vor Augen. Zunächst blicken wir mit dem Dichter noch einmal zurück auf den Sommer, der sich nun endgültig von uns verabschiedet und dem Herbst Platz machen muss. Ihm ist die zweite Strophe des Gedichtes gewidmet. Sie endet mit dem Bild der fallenden und in den Alleen dahintreibenden Blätter.

Herbsttag

Herr: Es ist Zeit. Der Sommer war sehr groß.
Leg deinen Schatten auf die Sonnenuhren,
und auf den Fluren lass die Winde los.

Befiehl den letzten Früchten voll zu sein,
gib ihnen noch zwei südlichere Tage,
dränge sie zur Vollendung hin und jage
die letzte Süße in den schweren Wein.

Wer jetzt kein Haus hat, baut sich keines mehr.
Wer jetzt allein ist, wird es lange bleiben,
wird wachen, lesen, lange Briefe schreiben
und wird in den Alleen hin und her
unruhig wandern, wenn die Blätter treiben.

In seinem zweiten Gedicht **Herbst** zieht der Dichter eine Parallele zwischen dem Erleben der herbstlichen Natur und dem Dasein des Menschen. Wir sprechen ja auch vom Alter als dem »Herbst des Lebens«. Nicht nur die Blätter fallen – auch die Hände der Menschen – »...es ist in allen«. Doch der Schluss des Gedichtes stimmt hoffnungsvoll und versöhnlich: Es ist Einer da, in dessen Hände wir uns getrost fallen lassen dürfen.

Herbst

Die Blätter fallen, fallen wie von weit,
als welkten in den Himmeln ferne Gärten;
sie fallen mit verneinender Gebärde.
Und in den Nächten fällt die schwere Erde
aus allen Sternen in die Einsamkeit.

Wir alle fallen. Diese Hand da fällt.
Und sieh dir andre an: es ist in allen.
Und doch ist Einer, welcher dieses Fallen
unendlich sanft in seinen Händen hält.

In seinem Gedicht **Advent** schließlich nimmt uns Rilke mit in den winterlich verschneiten Tannenwald und versucht dabei, sich in die »Seele eines Baumes« hineinzuversetzen und nachzuvollziehen, was dieser wohl ahnen mag angesichts des bevorstehenden Weihnachtsfestes. Vielleicht freut er sich darauf, dass er am Heiligen Abend liebevoll geschmückt und »fromm und lichterheilig« in einem warmen Wohnzimmer stehen darf, und in dieser Vorfreude wächst er – in der Fantasie des Dichters – »entgegen der einen Nacht der Herrlichkeit«.

Advent

Es treibt der Wind im Winterwalde
die Flockenherde wie ein Hirt,
und manche Tanne ahnt, wie balde
sie fromm und lichterheilig wird
und lauscht hinaus.

Den weißen Wegen
streckt sie die Zweige hin – bereit
und wehrt dem Wind und wächst entgegen
der einen Nacht der Herrlichkeit.

PRISMA Nr. 3 (Januar bis März 1998)

Er träumt von künft'ger Frühlingszeit

Anmerkungen zu einem Winter- und einem Frühlingsgedicht

In der letzten Nummer unserer Zeitschrift haben wir Ihnen, liebe Leser, neben zwei Herbstgedichten von *Rainer Maria Rilke* auch sein Gedicht *Advent* vorgestellt. In ihm versucht der Dichter, sich in die »Seele eines Baumes« hineinzuversetzen und nachzuempfinden, wie diesem im kalten »Winterwalde« wohl zumute sein mag angesichts des bevorstehenden Weihnachtsfestes, wenn er möglicherweise am heiligen Abend liebevoll geschmückt und »fromm und lichterheilig« in einem warmen Zimmer steht und die Herzen von Kindern und Erwachsenen erfreut.

In unserem heutigen ersten Gedicht unternimmt ein anderer Dichter einen ähnlichen Versuch.

Joseph Freiherr von Eichendorff, einer der bedeutendsten Vertreter der deutschen Romantik, ist Autor einer Reihe überaus stimmungsvoller Gedichte. Dazu gehören zum Beispiel die von *Robert Schumann* vertonte *Mondnacht* (laut *Thomas Mann* »die Perle unter den Perlen der deutschen Romantik«), das bekannte Weihnachtsgedicht *Markt und Straßen stehn verlassen* sowie das Abendlied *O, du stille Zeit* mit der einfühlsamen Melodie des zeitgenössischen Komponisten *Cesar Bresgen.* In seinem Gedicht *Winternacht* versetzt der Romantiker Eichendorff uns in eine verschneite Landschaft, in der auf weitem Feld ein vereinzelter Baum steht, der einsam und verlassen dem Schnee und der Kälte trotzt. Auch Eichendorff versucht, gleich Rilke, nachzuvollziehen, wie diesem Baum in der eisigen Winternacht wohl zumute ist. In seiner Fantasie lässt er ihn vom nächsten Frühling träumen, von »Grün und Quellenrauschen«; denn jeder Winter, auch der hartnäckigste, geht einmal zu Ende und muss dem neuen Frühling weichen.

Winternacht

Verschneit liegt rings die ganze Welt,
ich hab' nichts, was mich freuet.
Verlassen steht der Baum im Feld,
hat längst sein Laub verstreuet.

Der Wind nur geht bei stiller Nacht
und rüttelt an dem Baume.
Da rührt er seine Wipfel sacht
und redet wie im Traume.

Er träumt von künft'ger Frühlingszeit,
von Grün und Quellenrauschen,
wo er im neuen Blütenkleid
zu Gottes Lob wird rauschen.

Den Namen des zweiten Dichters, **Otto Fröhmcke**, fand ich bisher in keinem Literatur-Lexikon – und sein Gedicht ***Sonntag im März*** in keinem Lesebuch. Ich entdeckte es irgendwann während der Nachkriegsjahre in einer Zeitung, deren Namen ich nicht mehr weiß. Da es mir auf Anhieb gefiel, schrieb ich es ab und lernte es später auswendig. Heute gehört es – mit einer Reihe weiterer bekannter Frühlingsgedichte – zu meinem Repertoire, aus dem ich schöpfe, wenn ich auf einer Rezitationsveranstaltung meine Zuhörer zu einem Spaziergang durch die vier Jahreszeiten einlade. Ich wünsche uns allen, dass auch wir im März dieses Jahres – und hoffentlich auch in den folgenden – jeweils wenigstens *einen* derartigen Sonntag erleben, wie er uns nun in folgendem Gedicht so anschaulich geschildert wird.

Sonntag im März

Der späte Nachmittag verdämmert schnell.
Auf grauen Wiesen über schmaler Stadt
wächst weißlich-blau und zarter als Pastell
ein Himmel, den der junge März nur hat.

Kein Tierlaut und kein Wind zerreißt das Schweigen –
so feierlich will dieser Tag zur Ruh'.
Auf alten Straßen vor den Toren neigen
sich Burschen flüsternd ihren Mädchen zu.

Und Wünsche kommen mit den frühen Sternen,
viel innigere als in Maiennächten.
Es ist, als könnte man das Streicheln wieder lernen
und wieder abseits bleiben von dem Schlechten.

PRISMA Nr. 4 (April bis Juni 1998)

Der »Mozart des Kalenders«
Über das Gedicht »Der Mai« von Erich Kästner

Den meisten unserer Leser ist **Erich Kästner** wahrscheinlich in erster Linie bekannt als Kinderbuch-Autor. Wer denkt jetzt nicht sofort an seine Bücher *Emil und die Detektive, Das doppelte Lottochen* oder *Das fliegende Klassenzimmer* – und an die nach diesen Büchern gedrehten erfolgreichen Spielfilme?

Kästner schrieb aber auch die heiter-tiefsinnige Fabel *Die Konferenz der Tiere*, zeitkritische Betrachtungen wie *Die Kinderkaserne, Wert und Unwert des Menschen* oder *Bei der Verbrennung meiner Bücher* sowie eine Reihe überaus sarkastischer Gedichte, darunter *Primaner in Uniform, Klassenzusammenkunft* und vor allem das provozierende *Kennst du das Land, wo die Kanonen blühn?* Immer wieder prangert der Autor mit schonungsloser Offenheit und beißendem Spott politische und soziale Missstände an, so dass er von seinen Kritikern mehr als einmal gefragt wurde: »Und wo bleibt das Positive, Herr Kästner?«

Nun, seine Kinderbücher sind bereits eine Antwort darauf. Eine andere sind eine nicht geringe Zahl lyrischer Gedichte voller Zartgefühl sowie sein Anfang der 50er Jahre in Berlin entstandener Gedichtzyklus *Die dreizehn Monate*. Diese Gedichte schrieb er »als Großstädter für Großstädter« mit der Absicht, auch den im grauen Häusermeer lebenden Menschen ein wenig von dem zu vermitteln, was sich im Laufe eines Jahres Monat für Monat »draußen in der Natur« abspielt. Da ihm die im Kalender verzeichneten nicht ausreichten, fügte er noch ein Gedicht *Der dreizehnte Monat* hinzu, in dem er seiner Fantasie freien Lauf lässt: Tannen mit schneebedeckten Mützen treten aus einem Birkenwäldchen hervor und kaufen auf dem »Markt der Jahreszeiten« Maiglöckchen ein; »Adam und Eva lieben sich im Veilchenbett«, und es ist, als ob es nie eine Vertreibung aus dem Paradies gegeben hätte ...

Abschließend folgt nun das Gedicht **Der Mai**, den der Dichter – welch treffender Vergleich! – den »Mozart des Kalenders« nennt. Und vielleicht hören auch Sie, liebe Leser, an einem besonders schönen Tag in diesem Monat, wie die Drosseln »auf ganz kleinen Flöten das Scherzo aus der Symphonie des Glücks« spielen.

Der Mai

Im Galarock des heiteren Verschwenders,
ein Blumenzepter in der schmalen Hand,
fährt nun der Mai, der Mozart des Kalenders,
aus seiner Kutsche grüßend über Land.

Es überblüht sich, er braucht nur zu winken.
Er winkt! Und rollt durch einen Farbenhain.
Blaumeisen flattern ihm voraus und Finken,
und Pfauenaugen flügeln hinterdrein.

Die Apfelbäume hinterm Zaun erröten.
Die Birken machen einen grünen Knicks.
Die Drosseln spielen, auf ganz kleinen Flöten,
das Scherzo aus der Symphonie des Glücks.

Die Kutsche rollt durch atmende Pastelle.
Wir ziehn den Hut. Die Kutsche rollt vorbei.
Die Zeit versinkt in einer Fliederwelle.
O, gäb es doch ein Jahr aus lauter Mai!

Melancholie und Freude sind wohl Schwestern.
Und aus den Zweigen fällt verblühter Schnee.
Mit jedem Pulsschlag wird aus Heute Gestern.
Auch Glück kann weh tun. Auch der Mai tut weh.

Er nickt uns zu und ruft: »Ich komm ja wieder!«
Aus Himmelblau wird langsam Abendgold.
Er grüßt die Hügel, und er winkt dem Flieder.
Er lächelt. Lächelt. Und die Kutsche rollt.

PRISMA Nr. 5 (Juli bis September 1998)

Im Nebel ruhet noch die Welt
Drei Gedichte
über die Zeit zwischen Hochsommer und Frühherbst

Drei bekannte deutsche Dichter schildern uns in drei Gedichten jeweils ein Naturerleben zwischen Hochsommer und Frühherbst, wie es uns, wenn wir ein wenig Glück haben, irgendwann im Laufe der Monate Juli, August und September auch einmal vergönnt sein mag.

Detlef von Liliencron ist einigen Lesern vielleicht bekannt als Verfasser des amüsanten, später auch vertonten Gedichts *Die Musik kommt* und der Ballade *Trutz, Blanke Hans*. In seinem anschaulichen ***Heidebild*** lässt er uns einen brütend heißen Sommertag miterleben, dessen jähes Ende sich aber bereits in der zweiten Zeile der ersten Strophe ankündigt. Doch die ganze zweite Strophe ist noch erfüllt von drückender Schwüle, in der Schäfer und Schafe, Ente und Ringelnatter träge dahindämmern. In der dritten Strophe bricht dann urplötzlich und mit entfesselter Gewalt das Gewitter über Mensch und Tier herein und bringt der ausgedörrten Heidewelt die ersehnte Erlösung.

Heidebild

Die Mittagssonne brütet auf der Heide,
im Süden droht ein schwarzer Ring.
Verdurstet hängt das magere Getreide,
behaglich treibt ein Schmetterling.

Ermattet ruhn der Hirt und seine Schafe,
die Ente träumt im Binsenkraut.
Die Ringelnatter sonnt in trägem Schlafe
unregbar ihre Tigerhaut.

Im Zickzack zuckt ein Blitz, und Wasserfluten
entstürzen gierig dunklem Zelt.
Es jauchzt der Sturm und peitscht mit seinen Ruten
erlösend meine Heidewelt.

Der zweite Dichter, **Friedrich Hebbel**, wurde vor allem durch seine Tagebücher und seine Dramen bekannt, darunter zum Beispiel *Agnes Bernauer* und *Die Nibelungen*. Auch er beschreibt – in seinem *Sommerbild* – einen heißen Hochsommertag, an dem sich kein Windhauch regt und »des Sommers letzte Rose« in der Hitze blutrot aufleuchtet. Und in seinem Gedicht **Herbstbild** ist es eigentlich auch noch Sommer. Zwar preist der Dichter hier die »Feier der Natur« an einem Herbsttag, wie er ihn selten zuvor erlebte; im Grunde jedoch vermittelt das ganze Gedicht noch die Atmosphäre eines wunderschönen Spätsommertages.

Herbstbild

Dies ist ein Herbsttag, wie ich keinen sah!
Die Luft ist still, als atmete man kaum,
und dennoch fallen raschelnd, fern und nah,
die schönsten Früchte ab von jedem Baum.

O, stört sie nicht, die Feier der Natur!
Dies ist die Lese, die sie selber hält;
denn heute löst sich von den Zweigen nur,
was vor dem milden Strahl der Sonne fällt.

Mit dem stimmungsvollen Gedicht **Septembermorgen** von **Eduard Mörike** nehmen wir endgültig Abschied vom Sommer. Aber bevor der Sturm die letzten Blätter von den Bäumen fegt, zeigt sich der Herbst in der Regel noch von seiner schönen Seite: Es ist die »gold'ne Herbsteszeit«, wie sie *Theodor Fontane* zu Beginn seiner Ballade des *Herrn von Ribbeck auf Ribbeck im Havelland* so trefflich schildert. Dass in Eduard Mörikes Werk nicht nur dichterische, sondern auch malerische Talente zum Ausdruck kommen, beweisen vor allem die drei letzten Zeilen seines Gedichts; der *Septembermorgen* wirkt fast wie ein Gemälde.

Septembermorgen

Im Nebel ruhet noch die Welt,
noch träumen Wald und Wiesen.
Bald siehst du, wenn der Schleier fällt,
den blauen Himmel unverstellt,
herbstkräftig die gedämpfte Welt
in warmem Golde fließen.

PRISMA Nr. 6 (Oktober bis Dezember 1998)

Die welken Blätter rascheln sacht
Vom Herbst in der Natur und im Leben des Menschen

In den drei Gedichten dieser Ausgabe geht es um den Herbst draußen vor unserer Tür und um den Herbst als Teil unseres Lebens. Das erste Gedicht stammt von der in Rönnebeck lebenden Heimatdichterin **Mathilde Oltmann-Steil**. In ihrer Sammlung »*Wie schön ist doch ein Jahr*« findet sich auf Seite 38 das Gedicht *Herbstgedanken*, das bereits in ihrem ersten Buch *Puustblomen* abgedruckt war und zu dem die Autorin auch eine Melodie komponiert hat.

Herbstgedanken

Der Herbst zeigt uns sein schönstes Kleid,
wenn bunte Blätter fallen.
Da wird das Herz noch einmal weit,
macht für den Winter sich bereit
und tankt die Sonnenstrahlen.

Komm mit in diese bunte Pracht,
genieße doch die Stunden!
Die welken Blätter rascheln sacht,
wir wandern still und mit Bedacht
und zählen die Sekunden.

Die Zeiger uns'rer Lebensuhr
hier immerfort uns mahnen.
Wir folgen täglich ihrer Spur
im großen Kreislauf der Natur.
Sie lässt sich nur erahnen.

Das folgende Gedicht **Herbst des Lebens** schrieb die Autorin **Elisabeth Finke**. Es ist ihrem Buch *Zwei rechts, zwei links* entnommen, das Gedichte »nach dem Leben gestrickt« enthält. Angesichts der Tatsache, dass der »Sommer längst Erinnerung wurde«, die Jahre nur so dahineilen und wir eines Tages »nicht mehr hier« sein werden, lassen die Zeilen beim Leser unwillkürlich eine mehr oder weniger gedrückte Stimmung aufkommen.

Herbst des Lebens

Der Herbst ist da, du musst dich dran gewöhnen;
wer einsam ist, der hat es doppelt schwer.
Da nutzt es nichts, am Gartenzaun zu lehnen
und so zu tun, als ob man zwanzig wär.

Die Blätter fallen sachte von den Zweigen.
Vor kurzem war die Welt noch schön und jung.
Du gehst nach Hause, um dich auszuschweigen,
dein Sommer wurde längst Erinnerung.

Die Jahre altern, eines kommt zum andern,
du lachst und weinst und kannst nicht viel dafür.
Allmählich kriegst du Sehnsucht, auszuwandern ...
Und eines Tages bist du nicht mehr hier.

Das abschließende Gedicht **Ich möchte noch einmal Kind sein**, wiederum von *Mathilde Oltmann-Steil* aus ihrem Buch *Puustblomen*, stimmt uns allerdings wieder etwas heiterer. Es endet mit einem Ausblick auf die Freuden, die uns auch im Herbst des Lebens nicht verwehrt sind: Alle, die durch Alter und Einsamkeit in Resignation getrieben werden, können sich – wie die Autorin selbst – zum Beispiel *Kindern* zuwenden und mit ihnen gemeinsam singen und lachen und so ihren Lebensherbst durch Einbeziehung des Frühlings verschönern und bereichern.

Ich möchte noch einmal Kind sein

Im Herbst mit bunten Blättern spielen,
nach Eicheln und Kastanien wühlen.
Ich möchte Drachen steigen lassen,
die Hände meiner Mutter fassen
und mit ihr dann Laterne laufen –
und auf dem Freimarkt Waffeln kaufen.

Doch diese Wünsche sind vergebens;
für mich beginnt der Herbst des Lebens.
Ich will jedoch nicht resignieren
und noch so manches ausprobieren.
Will jeden Tag bewusst erleben
und viel von meiner Liebe geben.
Mit Kindern möcht ich singen, lachen
und and're lust'ge Dinge machen.

Ich drehe einfach alles um
und frage nicht wieso, warum.
Um mit den Kindern Kind zu sein,
lädt sich der Herbst den Frühling ein.

PRISMA Nr. 7 (Januar bis März 1999)

Und dräut der Winter noch so sehr
Auf dem Weg vom Winter in den Frühling

In dieser Nummer stellen wir Ihnen, liebe Leser, Gedichte von *Stefan Zweig*, *Rudolf Alexander Schröder* und *Hermann Hesse* vor, mit denen wir Sie auf dem hoffnungsfrohen Weg vom Winter in den Frühling begleiten möchten.

Stefan Zweig wurde 1881 in Wien geboren. Er lebte später zeitweise in der Schweiz und in England und emigrierte von dort 1940 nach Brasilien, wo er zwei Jahre später freiwillig aus dem Leben schied. Zu seinen bekannten Werken gehören *Sternstunden der Menschheit*, *Die Schachnovelle* und *Die Welt von gestern*. Unter den wenigen Gedichten, die er uns hinterlassen hat, nimmt das folgende einen besonderen Platz ein. In ihm bringt der Dichter die Frühlingssehnsucht frierender Bäume nach einem unerwarteten, späten Kälteeinbruch meisterhaft zum Ausdruck.

Winter

Zu Gott, hoch über dem wandernden Wind
flehen die Äste mit frierenden Armen:
Erbarmen! Erbarmen!
O, sieh, wir waren schon frühlingsbereit,
nun sind wir wieder in weißer Wehmut verschneit,
und ist doch schon Blühen in unserm Blut.
O schenk uns den warmen
Lenzatem deiner urewigen Glut
und scheuche den scharfen schneidenden Schnee
von unsern Blüten. Er tut
ihnen weh ...

Rudolf Alexander Schröder erblickte 1878 als Sohn eines reichen Kaufmannes in Bremen das Licht der Welt. Viele Jahre seines Lebens verbrachte er als Innenarchitekt, Maler, Grafiker, Dichter und Übersetzter in seiner Vaterstadt. 1946 wurde er Direktor der Bremer Kunsthalle. Bedeutende Gedichtssammlungen erschienen unter dem Titel *Mitte des Lebens*, *Weltliche Gedichte* und *Geistliche Gedichte*.

In seinem Gedicht ***Im halben Eise*** überrascht uns der Dichter mit einem kühnen Vergleich zwischen der wieder erwachenden Natur im Vorfrühling und dem menschlichen Leben: Ein warmer Tauwind bringt nicht nur Haelsträucher zum Blühen; er verhilft auch unserem »bedrängten und verzagtem Gemüt« zu neuem Lebensmut.

Im halben Eise

Blick in die Welt und lerne leben,
bedrängt' Gemüt;
braucht nur ein Tauwind sich zu heben,
und alles blüht.

Die Hasel stäubt, am Weidenreise
glänzt seid'ner Glast;
Schneeglöckchen lenzt im halben Eise
und Seidelbast.

Braucht nur ein Tauwind sich zu heben,
verzagt' Gemüt:
Blick in die Welt und lerne leben!
Der Winter blüht!

Hermann Hesse (1877–1962) schrieb im Laufe seines Lebens rund 1.400 Gedichte – »eine erschreckend große Menge«, wie der Dichter selbst einmal formulierte. Mehr als 680 von ihnen enthält eine Suhrkamp-Taschenbuch-Ausgabe, darunter natürlich weithin bekannte wie *Die frühe Stunde*, *Stufen* und *Im Nebel*. Hesses Gedichte haben, wie im Nachwort zu lesen ist, »etwas erfrischend Ungekünsteltes. Ihre Aussage ist nicht auf Interpreten angewiesen, sondern breitesten Leserschichten zugänglich.« Dies gilt auch für das nun zum Abschluss folgende Gedicht *März*: Veilchenblau, Finkenruf und Lämmerwolken bedürfen keinerlei Interpretation.

März

Auf dem grün beflognen Hang
ist schon Veilchenblau erklungen,
nur den schwarzen Wald entlang
liegt noch Schnee in zackigen Zungen.
Tropfen aber schmilzt um Tropfen hin,
aufgesogen von der durstigen Erde,
und am blassen Himmel oben ziehn
Lämmerwolken in beglänzter Herde.
Finkenruf verliebt schmilzt im Gesträuch:
Menschen, singt auch ihr und liebet euch!

PRISMA Nr. 8 (April bis Juni 1999)

Die linden Lüfte sind erwacht
Gedanken zu drei Frühlingsgedichten

Der Frühling ist die Jahreszeit, die von unseren Dichtern am meisten besungen wird. Die Zahl der Frühlingsgedichte – ein großer Teil übrigens von den unterschiedlichsten Komponisten vertont – ist schier unübersehbar. Das ist nicht verwunderlich, sehnen wir Menschen uns doch, besonders nach einem langen und strengen Winter mit viel Eis und Schnee, allesamt nach dem ersten Grün, den ersten Blüten an Baum und Strauch, den ersten bunten Schmetterlingen und dem ersten Gesang der aus dem warmen Süden heimgekehrten Zugvögel. Die drei Gedichte, die wir Ihnen, liebe Leser, in unserer neuesten Ausgabe vorstellen, bringen diese alle Jahre wiederkehrende Sehnsucht des Menschen nach dem Frühling meisterhaft zum Ausdruck.

Ludwig Uhland (1782–1846) verbrachte fast 50 Jahre seines Lebens in seiner Geburtsstadt Tübingen. Der schwäbische Heimatdichter und Lyriker schrieb allein sieben Gedichte über den Frühling, darunter eines, das nur aus vier Zeilen besteht *(Frühlingsahnung)*. Sein bekanntestes aber – und wahrscheinlich auch das bekannteste deutsche Frühlingsgedicht überhaupt – trägt den Titel *Frühlingsglaube*. Es schildert in anschaulicher Weise, was die »linden Lüfte« in ihrem unermüdlichem Schaffensdrang alles vollbringen: Vor unseren Augen vollzieht sich das Wunder der wiedererwachenden Natur.

Frühlingsglaube

Die linden Lüfte sind erwacht,
sie säuseln und weben Tag und Nacht,
sie schaffen an allen Enden.
O frischer Duft, o neuer Klang!
Nun, armes Herz, sei nicht bang!
Nun muss sich alles, alles wenden.

Die Welt wird schöner mit jedem Tag,
man weiß nicht, was noch werden mag,
das Blühen will nicht enden.
Es blüht das fernste, tiefste Tal:
Nun, armes Herz, vergiss der Qual!
Nun muss sich alles, alles wenden.

Eduard Mörike (1804–1875) war ein Zeitgenosse *Uhlands* und »einer der größten deutschen Lyriker nach Goethe«. Auch Mörike, bekannt geworden u.a. durch seinen Künstlerroman *Maler Nolten* und die Novelle *Mozart auf der Reise nach Prag*, kann sich dem Reiz des anbrechenden Frühlings nicht entziehen. In seinem Gedicht **Er ist's** zeigt er sich als wahrer »Meister der Sprache von übertroffener musikalischer und bildhafter Wirkung«.

Er ist's

Frühling lässt sein blaues Band
wieder flattern durch die Lüfte;
süße, wohlbekannte Düfte
streifen ahnungsvoll das Land.
Veilchen träumen schon,
wollen balde kommen.
– Horch, von fern ein leiser Harfenton!
Frühling, ja du bist's!
Dich hab ich vernommen!

Ludwig Hölty (1748–1776) ist der Verfasser des Gedichts *Der alte Landmann an seinen Sohn*. Es beginnt mit der Zeile »Üb' immer Treu und Redlichkeit« und wurde – nach einer bekannten Melodie aus Mozarts »Zauberflöte« – früher häufig gesungen. Inzwischen sind Lieder dieser Art ein wenig aus der Mode gekommen. Hölty starb, noch nicht einmal 28 Jahre alt, nach langem Krankenlager. Ihm hatte es besonders der Wonnemonat Mai angetan, den Erich Kästner den »Mozart des Kalenders« nannte und dem Goethe und Heinrich Heine einige ihrer schönsten Gedichte widmeten. Mit Höltys **Mailied** wollen wir unseren Frühlingsspaziergang beenden – in der Hoffnung, dass auch unsere Leser wenigstens ein bisschen von dem erleben, was in diesen drei Gedichten so vortrefflich zum Ausdruck kommt.

Mailied

Die Luft ist blau, das Tal ist grün,
die kleinen Maienglocken blühn
und Schlüsselblumen drunter,
der Wiesengrund
ist schon so bunt
und malt sich täglich bunter.

Drum komme, wem der Mai gefällt
und freue sich der schönen Welt
und Gottes Vatergüte,
die diese Pracht
hervorgebracht –
den Baum und seine Blüte.

PRISMA NR. 9 (Juli bis September 1999)

Ich sah des Sommers letzte Rose stehn
Anmerkungen zu drei Sommergedichten

In der ersten Ausgabe von PRISMA stellten wir unseren Lesern im Sommer 1997 die Gedichte *Abseits* von *Theodor Storm* und *Feldeinsamkeit* von *Hermann Allmers* vor. Heute möchten wir sie mit sommerlichen Versen von *Friedrich Hebbel*, *Hermann Hesse* und *Joachim Ringelnatz* erfreuen.

Friedrich Hebbel (1813–1863) wurde vor allem durch seine fast 30 Jahre lang bis zu seinem Tode geführten Tagebücher bekannt, in denen sich seine gesamte Entwicklung als Mensch und als Künstler widerspiegelt, sowie durch eine Reihe biblischer und historischer Dramen, die zum Teil noch heute mit Erfolg aufgeführt werden. Als Lyriker hingegen trat Hebbel seltener in Erscheinung. Der Dichter, der in großer Armut aufwuchs, neigte in späteren Jahren häufig zu Melancholie und Resignation. Auch in seinem Gedicht *Sommerbild* spürt man unwillkürlich einen Hauch von Verzagtheit, Wehmut und Traurigkeit: Der scheidende Sommer wird zum Gleichnis für die Vergänglichkeit des menschlichen Lebens und zum Sinnbild der Vergänglichkeit überhaupt.

Sommerbild

Ich sah des Sommers letzte Rose stehn;
Sie war, als ob sie bluten könne, rot;
da sprach ich schauernd im Vorübergehn:
So weit im Leben ist zu nah am Tod!

Es regte sich kein Hauch am heißen Tag,
nur leise strich ein weißer Schmetterling;
doch, ob auch kaum die Luft sein Flügelschlag
bewegte, sie empfand es und verging.

Hermann Hesse (1877–1962), dessen Gedicht *März* wir in unserer vorletzten Ausgabe abdruckten, schildert in mehreren seiner Gedichte ebenfalls den Sommer und seine Reize.

Sein **Heißer Mittag** vermittelt eine ähnliche Stimmung, wie sie im letzten Vers von Hebbels *Sommerbild* zum Ausdruck kommt. Allerdings beschäftigt sich Hesse – ohne weitere gedankliche Abschweifungen – ausschließlich mit der Schilderung der unter dem »kochenden Himmel« träge vor sich hindämmernden Natur. Nur ganz am Schluss gibt es einen Schimmer von Hoffnung auf ein erlösendes Gewitter nach der drückenden Schwüle.

Heißer Mittag

Im trocknen Grase lärmen Grillenchöre,
Heuschrecken flügeln am verdorrten Rain,
der Himmel kocht und spinnt in weiße Flöre
die fernen bleichen Berge langsam ein.

Es knistert überall und raschelt spröde,
auch schon im Wald erstarren Farn und Moos.
Hart blickt im dünnen Dunst der Himmelsöde
die Julisonne weiß und strahlenlos.

Einschläfernd laue Mittagslüfte schleichen.
Das Auge schließt sich müd'. Es spielt das Ohr
im Traum sich die ersehnten gnadenreichen
Tonfluten kommender Gewitter vor.

Joachim Ringelnatz (1883–1934), der eigentlich Hans Bötticher hieß, arbeitete während seines nicht sehr langen Lebens in mehr als 30 verschiedenen Berufen. Er war u.a. Satiriker und Kabarettist, Maler und Schaufensterdekorateur, Tellerwäscher, Fremdenführer, Bibliothekar und Kinderbuch-Autor sowie im Ersten Weltkrieg Kommandant eines Minensuchbootes. Seine Erlebnisse auf hoher See fanden ihren literarischen Niederschlag in den grotesken Balladen des Matrosen *Kuttel Daddeldu*.

In der umfangreichen Lyrik des Dichters findet der Leser neben viel Komik, Spott und Sarkasmus zwischendurch immer wieder auch einen Hauch von Unbeschwertheit und »reiner Herzensgüte«. Mit dem reizenden Gedicht *Sommerfrische*, das sich ganz der beschaulichen stillen Freude am Dasein und dem selbstvergessenen Genießen des schönen Augenblicks widmet, möchten wir unseren lyrischen Sommerspaziergang beenden.

Sommerfrische

Zupf dir ein Wölkchen aus dem Wolkenweiß,
das durch den sonnigen Himmel schreitet,
und schmücke den Hut, der dich begleitet,
mit einem grünen Reis.

Verstecke dich faul in der Fülle der Gräser,
weil's wohltut, weil's frommt.
Und bist du ein Harmonikabläser
und hast eine bei dir, dann spiel, was dir kommt.

Und lass deine Melodien lenken
von dem freigegebenen Wolkengezupf.
Vergiß dich! Es soll dein Denken
nicht weiter reichen als eine Grashüpferhupf.

Krachen und Heulen und berstende Nacht

Die Ballade »Nis Randers« und die Deutsche Gesellschaft zur Rettung Schiffbrüchiger

Er erblickte am 7. Oktober 1862 in Ottensen/Holstein als Sohn eines Zigarrenmachers das Licht der Welt und starb am 5. März 1926 in Groß-Flottbek bei Hamburg. Getauft wurde er auf den Namen Otto Ernst Schmidt. Von 1883 bis 1900 unterrichtete er als Volksschullehrer in Hamburg. An diese Zeit erinnert seine 1901 erstmals aufgeführte Komödie *Flachsmann als Erzieher*. Danach widmete sich der ehemalige Pädagoge unter dem verkürzten Namen **Otto Ernst** ausschließlich seiner schriftstellerischen Tätigkeit. Bei seinem Tod hinterließ der Erzähler und Bühnenschriftsteller ein Gesamtwerk im Umfang von nicht weniger als zwölf Bänden.

Heutigen Schülerinnen und Schülern dürfte Otto Ernst weitgehend unbekannt sein. Das ist kaum verwunderlich: Sein Name erscheint in keinem der gängigen Lesebücher, und im Schülerduden »Literatur« ist er mit keinem Wort erwähnt. Dabei schrieb er u.a. so reizende Kinderbücher wie *Heidede* und *Appelschnut*. In dem Roman *Appelschnut* spielt seine Tochter Senta Regina die Hauptrolle. Das Buch, das die Tochter selbst erst mit 14 Jahren zum ersten Mal las, wurde in 17 Sprachen übersetzt und erreichte eine Auflagenhöhe von insgesamt über einer halben Million. Senta Regina Möller-Ernst starb im Oktober 1998 in Hamburg im Alter von 101 Jahren. Ihre Lebenserinnerungen erschienen unter dem Titel *Appelschnut über Appelschnut*.

Den älteren unter unseren Leserinnen und Lesern ist Otto Ernst aber sicher noch als Verfasser des Gedichts **Nis Randers** bekannt. Es ist eines der wenigen Gedichte in deutscher Sprache, in denen die dramatische Rettung eines Schiffbrüchigen geschildert wird. Die Handlung spielt in einer Zeit, da sich die Retter noch in zerbrechlichen Ruderbooten unter Einsatz ihres Lebens durch die tosende Brandung kämpfen mussten, um Schiffbrüchige zu bergen. Inzwischen besitzt die am 29. Mai 1865 in Kiel gegründete *Deutsche Gesellschaft zur Rettung Schiffbrüchiger* (DGzRS) eine Flotte hochmoderner, jeweils nach dem neuesten Stand der Technik ausgerüsteter Seenot-Rettungskreuzer. Einer von ihnen wurde im Mai 1990 von Veronica Carstens, der Frau unseres damaligen Bundespräsidenten, in Bremen auf den Namen *Nis Randers* getauft. Auf diese Weise trug die DGzRS mit dazu bei, dass der Titel des Gedichts von Otto Ernst – und vielleicht auch das Gedicht selbst und der Name des Dichters – nicht völlig in Vergessenheit geraten. (Im Mai dieses Jahres wurde übrigens auch ein neuer ICE, der zwischen Bremen und München verkehrt, auf den Namen *Nis Randers* getauft. Die Bezeichnung erscheint allerdings nicht auf dem Zug selbst, sondern lediglich im Fahrplan und im Zugbegleitheft.)

Dass aber auch heute noch auf den praktisch unsinkbaren Rettungskreuzern der DGzRS die Retter immer wieder ihr eigenes Leben aufs Spiel setzten, um das Leben anderer zu retten, beweisen tragische Unglücke aus den Jahren 1967 und 1995. Am 23. Februar 1967 fanden während eines schweren Orkans mit Böen in Stärke 11 bis 12 die vierköpfige Besatzung des auf Helgoland stationierten Seenotkreuzers *Adolph Bermpohl* sowie drei zuvor gerettete holländische Fischer den Tod. Und am 1. Januar 1995 wurden der Vormann und der Maschinist des Kreuzers *Alfried Krupp* nach einem Rettungseinsatz in der Nähe von Borkum bei schwerer See und Brechern bis zu einer Höhe von mehr als 13 Metern über Bord gerissen.

Ihre Leichen wurden nie gefunden. Die übrigen zwei Besatzungsmitglieder konnten schwer verletzt geborgen werden. Insgesamt wurden seit der Gründung der Deutschen Gesellschaft zur Rettung Schiffbrüchiger über 62.000 Menschen aus Seenot gerettet. 45 Männer bezahlten Ihren Einsatz mit dem Leben.

Die waghalsige Rettungstat des Nis Randers und seiner sechs Begleiter nimmt indessen ein glückliches Ende: Die Besatzung des Rettungsbootes kehrt – entgegen der Befürchtungen der besorgten Mutter – unversehrt zurück, und auch der gerettete Schiffbrüchige ist (der Leser hat es schon fast vorausgeahnt) der seit drei Jahren verschollene Bruder Uwe.

Nis Randers

**Krachen und Heulen und berstende Nacht,
Dunkel und Flammen in rasender Jagd –
ein Schrei durch die Brandung!**

**Und brennt der Himmel, so sieht man es gut:
Ein Wrack auf der Sandbank! Noch wiegt es die Flut;
gleich holt sich's der Abgrund.**

Nis Randers lugt – und ohne Hast
spricht er: »Da hängt noch ein Mann im Mast;
wir müssen ihn holen!«

Da fasst ihn die Mutter: »Du steigst mir nicht ein:
dich will ich behalten, du bliebst mir allein –
ich will's, deine Mutter!

Dein Vater ging unter und Momme, mein Sohn;
drei Jahre verschollen ist Uwe schon,
mein Uwe, mein Uwe!«

Nis tritt auf die Brücke. Die Mutter ihm nach!
Er weist nach dem Wrack und spricht gemach:
»Und seine Mutter?«

Nun springt er ins Boot und mit ihm noch sechs:
Hohes, hartes Friesengewächs;
schon sausen die Ruder.

Boot oben, Boot unten, ein Höllentanz!
Nun muss es zerschmettern! Nein, es blieb ganz!
Wie lange? Wie lange?

Mit feurigen Geißeln peitscht das Meer
die menschenfressenden Rosse daher;
sie schnauben und schäumen.

Wie hechelnde Hast sie zusammenzwingt!
Eins auf den Nacken des anderen springt
mit stampfenden Hufen!

Drei Wetter zusammen! Nun brennt die Welt!
Was da? Ein Boot, das landwärts hält!
Sie sind es! Sie kommen!

Und Auge und Ohr ins Dunkel gespannt:
Still – ruft da nicht einer? Er schreit's durch die Hand:
»Sagt Mutter, 's ist Uwe!«

PRISMA NR. 11 (Januar bis Februar 2000)

Anmerkung der Redaktion:

Das in Heft 10 vorgestellte Gedicht **Nis Randers** hat eine überraschende Reaktion ausgelöst. Wir freuen uns über die **Leserbriefe**, die wir nachfolgend veröffentlichen.

... Ich war erstaunt, in einer dieser Ausgaben die Ballade »Nis Randers« von Otto Ernst vorzufinden. Diese Ballade, die wir neben vielen anderen von dieser Lehrkraft in eindrucksvoller Weise vorgetragen bekommen haben und wie die anderen auswendig lernen mussten, hat mich schon damals stark beeindruckt und berührt. Auch wenn die Ballade über 70 Jahre alt sein mag, hat sie doch heute noch Realität, wenn persönlicher Einsatz gefordert wird. Da ich selber seit über 40 Jahren aktiv den See-Segelsport ausübe, ist mir bewusst, wie selbstloses Handeln belohnt werden kann.

Helmut Vogel, Bremen

... Das Gedicht »Nis Randers« war mir noch sehr gut in Erinnerung, besonders der letzte Satz: »Sagt Mutter, 's ist Uwe!« Ich habe auch noch die Original-Mitgliedskarte der DGzRS von 1953. An unsere Straßen-Verkaufsaktionen kann ich mich auch noch gut erinnern; wir waren mit Begeisterung dabei. Die Klasse hatte dann ein Bild von einem Rettungskreuzer geschenkt bekommen, und ich meine, es war auf der Rückseite von Bundespräsident Heuss signiert.

Hayo Gerold, Herford

Als ich in Nr. 10 von PRISMA das Gedicht »Nis Randers« las, erinnerte ich mich an ein eindrucksvolles Jugenderlebnis: In den 50er Jahren lebte ich mit meiner Familie in dem kleinen Dorf Motzen an der Unterweser gegenüber von Blumenthal. Wir Schulkinder besuchten die zwei Kilometer entfernt gelegene Volksschule Warfleth. In zwei Klassen wurden vier Schülerjahrgänge von zwei Lehrern unterrichtet. An einem Tag im Februar 1957 machten sich beide Klassen auf den Weg nach Bardenfleth. Unser Ziel war die Bootswerft Schweers. Hier sollte der erste Seenot-Rettungskreuzer mit Tochterboot getauft werden und den Namen des damaligen Bundespräsidenten Theodor Heuss erhalten – und dazu war Theodor Heuss aus

Bonn nach Bardenfleth gekommen! Es war ein sehr feierliches Ereignis mit grün umkränztem Rednerpult, vielen Reden und Beiträgen der Schüler. Auch die Dorfbevölkerung nahm regen Anteil. Wer es möglich machen konnte, wollte »Papa Heuss« erleben ... Immer, wenn es um das Thema »Seenotrettung« geht, muss ich an diesen 12. Februar 1957 denken!

Dietlind Scheufler, Bremen

Durch einen Zufall erhielt ich von einer Bremer Bekannten die Nr. 10 Ihrer Zeitschrift PRISMA. Darin las ich mit besonderer Freude die Besprechung des Gedichtes »Nis Randers«. Besondere Freude deshalb, weil wunderschöne alte Erinnerungen in mir aufkeimten. Hatten wir doch dieses Gedicht einst mit großem Ernst auswendig gelernt. (Wer macht das heute noch?) Ich selbst habe damals sogar eine Melodie in Moll (sehr primitiv!) aus dem Stegreif dazu komponiert. Im Schullandheim der Oberrealschule Bremen in Dötlingen haben wir dann beim Abtrocknen des Mittagsgeschirrs dieses Gedicht öfters gesungen. Es war eine wunderschöne Zeit für uns und eine sehr liebe Erinnerung für mich heute!

Helmut Ruschmeyer, Johannesberg

Im letzten PRISMA-Heft bin ich mit großer Freude wieder einmal »Nis Randers« begegnet. Vor nunmehr 45 Jahren in der Grundschule war es selbstverständlich, dass ich das Gedicht auswendig aufsagen konnte. Unter der fachkundigen Regieanweisung des Lehrers durfte das Krachen und Heulen der berstenden Nacht weder genuschelt noch geflüstert werden, sondern musste der tobenden See gemäß gebrüllt werden. Auch der Schrei in der Brandung musste als solcher vernehmbar sein, denn schließlich waren es drei Wetter zusammen, und der Himmel brannte.

Durch die gründliche Schulbekanntschaft mit »Nis Randers« ist dieser mir nie ganz aus dem Sinn gekommen. Einzelne Reime sind immer noch präsent, sei es als Gast auf der holländischen Nordseeinsel Ameland, wo in jedem Sommer als Touristenattraktion ein pferdebespanntes offenes Rettungsboot in die dabei allerdings sehr friedliche Nordsee gebracht wird, oder sei es als Reisender im Intercity-Express »Nis Randers«. Ich habe spontan den Entschluss gefasst: Ich werde das Gedicht wieder auswendig lernen. Vielen Dank für die Anregung.

Hartmut Weber, Bremen

Und wo eine Träne fällt, blüht auch eine Rose

Gedanken zu zwei alten Neujahrsgedichten

Wieder einmal haben die Glocken in aller Welt ein neues Jahr eingeläutet. Und Menschen in aller Welt haben, ausgelassen wie wohl kaum jemals zuvor, sogar den Beginn eines neuen Jahrtausends gefeiert. Dabei konnte man es im alten Jahr monatelang bis zum Überdruss immer wieder hören und lesen: Das neue Jahrtausend beginnt erst am 1. Januar 2001! Auch das neue Jahrhundert lässt noch ein volles Jahr auf sich warten; wie denn auch ein neues Jahrzehnt erst beginnt, wenn zehn Jahre vorbei sind – und nicht schon, wenn das zehnte Jahr anfängt! Aber wenn Menschen sich erst einmal in den Kopf gesetzt haben, ein seltenes Ereignis zu einem bestimmten Termin und im festlichen Rahmen zu begehen, dann wird der gesunde Menschenverstand schon mal kurzerhand auf das Abstellgleis geschoben. Und zur Not kann man ja in der Sivesternacht des Jahres 2000 (diesmal dann zum richtigen Zeitpunkt) den Jahrtausendwechsel noch einmal feiern ...

Wir indessen freuen uns zunächst lediglich über den Beginn eines neuen Jahres, so wie es in den beiden vergangenen Jahrhunderten *Johann Peter Hebel* und *Eduard Mörike* in zwei Neujahrsgedichten zum Ausdruck brachten. Der in Basel geborene alemannische Volksdichter **Johann Peter Hebel (1760–1826)** wurde zunächst bekannt durch seine *Alemannischen Gedichte*, dann aber vor allem als Autor heiterer Kurzgeschichten, von denen eine größere Anzahl im Jahre 1811 unter dem Titel *Schatzkästlein des rheinischen Hausfreundes* erschienen. Die Sprache in Hebels Gedicht *Neujahrslied* (sowie in manchen seiner Geschichten) mag uns Menschen des nunmehr zu Ende gehenden 20. Jahrhunderts an mancher Stelle ein wenig befremdlich klingen; ein Dichter unserer Zeit würde das eine oder andere sicher anders formulieren. Die Aussage dieser inzwischen rund 200 Jahre alten Verse jedoch ist von zeitloser Gültigkeit.

Neujahrslied

Mit der Freude zieht der Schmerz
traulich durch die Zeiten.
Schwere Stürme, milde Weste,
bange Sorgen, frohe Feste
wandeln sich zur Seiten.

Und wo eine Träne fällt,
blüht auch eine Rose.
Schon gemischt, noch eh' wir's bitten,
ist für Throne und für Hütten
Schmerz und Lust im Lose.

War's nicht so im alten Jahr?
Wird's im neuen enden?
Sonnen wallen auf und nieder,
Wolken geh'n und kommen wieder,
und kein Wunsch wird's wenden.

Gebe denn, der über uns
wägt mit rechter Waage,
jedem Sinn für seine Freuden,
jedem Mut für seine Leiden
in die neuen Tage,

jedem auf des Lebens Pfad
einen Freund zur Seite,
ein zufriedenes Gemüte
und zu stiller Herzensgüte
Hoffnung in's Geleite!

Auch **Eduard Mörike (1804–1875)** benutzt in seinem Gedicht **Zum neuen Jahr** eine Ausdrucksweise, die auf den ersten Blick nicht mehr so richtig in unsere Zeit passen will. Aber vielleicht sollten wir uns gerade deshalb immer wieder einmal auf die Suche nach verborgenen Schätzen in den Dichtungen vergangener Jahrhunderte begeben; es könnte sein, dass wir dabei die eine oder andere kostbare Perle entdecken.

Zum Neuen Jahr

Wie heimlicherweise
ein Engelein leise
mit rosigen Füßen
die Erde betritt,
so nahte der Morgen.
Jauchzt ihm, ihr Frommen,
ein heilig Willkommen,
ein heilig Willkommen!
Herz, jauchze du mit!

In ihm sei's begonnen,
der Monde und Sonnen
an blauen Gezelten
des Himmels bewegt.
Du, Vater, du rate!
Lenk du und wende!
Herr, dir in die Hände
sei Anfang und Ende,
sei alles gelegt!

P.S. Um nun auch noch einen Dichter unseres Jahrhunderts zu Wort kommen zu lassen, fügen wir abschließend ein paar Zeilen von *Erich Kästner (1899–1974)* an:

Zum Neuen Jahr

»Wird's besser? Wird's schlimmer?«
fragt man alljährlich.
Seien wir ehrlich:
Leben ist immer
lebensgefährlich!

Een boot is noch buten!
Über eine Ballade von Arno Holz

Der Abdruck des Gedichts *Nis Randers* von *Otto Ernst* in Nr. 10 unserer Zeitschrift hat ein unerwartet starkes Echo hervorgerufen. Das zeigte sich in einer Reihe von Gesprächen sowie in den sechs Leserbriefen, die wir in Nr. 11 veröffentlichten. Wir haben uns daraufhin entschlossen, in dieser Ausgabe ein weiteres Gedicht zum Thema »Menschen in Seenot« vorzustellen. Es ist bei weitem nicht so bekannt wie *Nis Randers*, und selbst in Seniorengruppen erinnern sich nur wenige daran, es früher einmal auswendig gelernt oder während ihrer Schulzeit auch nur von ihm gehört zu haben. Auch in diesem Gedicht kommt der uralte und diesmal tragisch endende Kampf zwischen Mensch und Meer meisterhaft zum Ausdruck.

Der Dichter **Arno Holz (1863–1929)** wurde in Rastenburg in Ostpreußen geboren und starb im Alter von 66 Jahren in Berlin. Er gilt als Hauptvertreter des »Konsequenten Naturalismus« in der Literatur und forderte vom Dichter den Gebrauch der Alltagssprache sowie eine möglichst getreue »Abspiegelung der Realität« in seinen Werken. 1886 erschien seine erste Gedichtsammlung *Das Buch der Zeit*, 1889 eine Zusammenstellung von Kurz-Novellen unter dem originellen Titel *Papa Hamlet* und 1964 eine sieben Bände umfassende Gesamtausgabe seiner Werke. Anlässlich seines 60. Geburtstages wurde ihm von der Universität Königsberg die Ehrendoktorwürde verliehen.

In seinem Gedicht **Een Boot is noch buten** gibt es kein »happy end«. Bei *Otto Ernst* kann die Mutter von Nis Randers nach drei Jahren voller Bangen und Ungewissheit ihren verschollenen Sohn Uwe wieder in die Arme schließen. Arno Holz dagegen lässt eine Frau vergeblich auf die Rückkehr ihres Mannes warten. Am Morgen nach durchwachter Nacht wird es zur traurigen Gewissheit: Een Boot is noch buten – und es wird nie mehr zurückkehren. Die Frau verliert ihren Mann und der »Lütting Jehann« seinen Vater. Bei *Nis Randers* siegte der Mensch im Kampf gegen die Naturgewalten. Diesmal fordert das Meer gnadenlos seinen Tribut.

Een Boot is noch buten

»Ahoi! Klas Nielsen un Peter Jehann!
Kiekt na, ob wi noch nich to Mus sind!
Ji hewt doch sehn den Klabautermann?
Gottlob, dat wi wedder to Hus sind!«
Die Fischer riefen's und stießen an's Land
und zogen die Kiele bis hoch auf den Strand –
dumpf an rollten die Fluten.
Han Jochen aber rechnete nach
und schüttelte finster sein Haupt und sprach:
»Een Boot is noch buten!«

Und ernster keuchte die braune Schar
dem Dorf zu über die Dünen.
Schon grüßten von fern mit zerwehtem Haar
die Frau'n an den Gräbern der Hünen.
Und »Korl!« hieß es und »Leiw Marie!«
»'t is doch man schön, dat ji wedder hie!«
Dumpf an rollten die Fluten.
»Un Hinrich, min Hinrich? Wo is denn dee?«
Und Jochen wies in die brüllende See:
»Een Boot is noch buten!« –

Am Ufer dräute der Möwenstein,
drauf stand ein verrufnes Gemäuer.
Dort schleppten sie Werg und Strandholz hinein
und gossen Öl in das Feuer.
Das leuchtete weit in die Nacht hinaus
und sollte rufen: »O, komm nach Haus!«
Dumpf an rollten die Fluten.
»Hier steht dein Weib in Nacht und Wind
Und jammert laut auf und küsst dein Kind!«...
Een Boot is noch buten.

Doch die Nacht verrann, und die See ward still,
und die Sonne schien in die Flammen.
Da schluchzte die Ärmste: »As Gott will!«
und bewusstlos brach sie zusammen.
Sie trugen sie heim auf schmalem Brett.
Dort liegt sie nun fiebernd im Krankenbett,
und draußen – plätschern die Fluten.
Da spielt ihr Kind, ihr »Lütting Jehann«,
und lallt wie träumend dann und wann:
»Een Boot is noch buten.«

Das Schönste für Kinder ist Sand
Anmerkungen zu drei Gedichten von Joachim Ringelnatz

Joachim Ringelnatz, mit bürgerlichem Namen *Hans Bötticher*, wurde 1883 in Wurzen bei Leipzig geboren und starb 1934 in Berlin an Tuberkulose. Mit knapp 17 Jahren kehrte er Elternhaus und Schule den Rücken und fuhr jahrelang zur See. Anschließend arbeitete er, wieder festen Boden unter den Füßen, in den über 30 verschiedenen Berufen und verdiente sich seinen Lebensunterhalt u.a. als Fremdenführer, Tabakwarenhändler, Kabarettist, Bibliothekar, Tellerwäscher, Schaufensterdekorateur, Maler und Artist. Den Ersten Weltkrieg erlebte der zukünftige Schriftsteller zunächst als einfacher Marinesoldat und schließlich (seit 1917) als Leutnant zur See und Kommandant eines Minensuchbootes. Weite Verbreitung fanden schon kurze Zeit nach ihrem ersten Erscheinen im Jahre 1921 die grotesken Balladen des Matrosen *Kuttel Daddeldu*. Über seine eigenen Erlebnisse zur See berichtete der gestandene Fahrensmann in seinen biografischen Aufzeichnungen *Schiffsjungen-Tagebuch* und *Als Mariner im Krieg*.

Joachim Ringelnatz (wie er sich seit 1919 nannte) schrieb an die 600 Gedichte, darunter – nach einem Besuch im Ratskeller – auch einen Lobgesang auf die Hansestadt Bremen: »... denn diese Stadt ist echt, und echt ist selten.« Viele unserer Leser kennen vermutlich die der Fantasie des Dichters entsprungenen Fabeltiere wie das sich nicht vom Fleck rührende kleine Reh im kleinen Park, die beiden unternehmungslustigen Hamburger Ameisen auf ihrem Weg nach Australien, die zwölf Tonnen schwere Hochseekuh oder das zierliche Seepferdchen, von dem er glaubt, dass er selbst es einmal war – im vorigen Leben. Nachfolgend jedoch möchten wir drei seiner weniger bekannten Gedichte vorstellen, in denen sich Ringelnatz mehr als empfindsamer Lyriker offenbart und in denen seine wahrhaft kindliche Einfalt und Herzensgüte zum Ausdruck kommen. Hierzu noch ein Ratschlag unseres einstigen Bundespräsidenten *Theodor Heuss*: »Die besten seiner Verse soll man still und schlicht lesen; dann schenken sie keine gedichtete Journalistik, sondern etwas sehr Altmodisches: Poesie!«

Kindersand

Das Schönste für Kinder ist
Sand.
Ihn gibt's immer reichlich.
Er rinnt unvergleichlich
zärtlich durch die Hand.

Weil man seine Nase behält,
wenn man auf ihn fällt,
ist er so weich.
Kinderfinger fühlen,
wenn sie in ihm wühlen,
nichts und das Himmelsreich.
Denn kein Kind lacht
über gemahlene Macht.

Die sonnige Kinderstraße

Meine frühe Kindheit hat
auf sonniger Straße getollt;
hat nur ein Steinchen,
ein Blatt
zum Glücklichsein gewollt.

Jahre verschwelgten.
Ich suche matt
jene sonnige Straße heut –
wieder zu lernen,
wie man am Blatt,
wie man am Steinchen
sich freut.

Schenken

Schenke groß oder klein,
aber immer gediegen.
Wenn die Bedachten
die Gaben wiegen,
sei dein Gewissen rein.

Schenke herzlich und frei.
Schenke dabei,
was in dir wohnt
an Meinung, Geschmack und
Humor,
so dass die eigene Freude
zuvor
dich reichlich belohnt.

Schenke mit Geist, ohne List.
Sei eingedenk,
dass dein Geschenk
du selber bist.

PRISMA Nr. 14 (September bis Dezember 2000)

Die Stare gehen auf die Reise
Über das Gedicht »Der September« von Erich Kästner

In PRISMA Nr. 4/1998 haben wir unsere Leser mit einem Lobgesang auf den Monat Mai aus dem Gedicht-Zyklus *Die dreizehn Monate* von **Erich Kästner (1899–1974)** bekannt gemacht. Diese ungewöhnliche Folge von Gedichten war ursprünglich gedacht als monatliche Zusatzlektüre für der Natur weitgehend entfremdete großstädtische Zeitungsleser. In den Gedichten schildert der Kinderbuchautor und kritische Satiriker Kästner anschaulich und liebevoll vor allem das sich im Laufe eines Jahres von Monat zu Monat verändernde Leben in der Natur. Im 13. Monat gibt es dann zum Abschluss und als fantasievolle Krönung einen turbulenten »Markt der Jahreszeiten«, auf dem beispielsweise Tannenbäume, die mit schneebedeckten Mützen aus einem grünen Birkenwäldchen heraustreten, Sträuße duftender Maiglöckchen kaufen ...

Mich haben neben dem herzerfrischenden Frühlingsgedicht *Der Mai* besonders die eher wehmütigen Verse über den **September** beeindruckt. Es ist der Monat, in dem der Herbst beginnt und sich der Sommer in der Regel endgültig von uns verabschiedet. Das Wort »Abschied« taucht daher nicht zufällig insgesamt fünfmal im Gedicht auf. Fünfmal sagt uns der Sommer »Lebewohl« – jedes Mal auf eine andere Weise: Mit Blumenstandarten »aus Pflaumenblau und Apfelgrün«, mit Kuhglockengeläut und Kartoffelfeuerrauch, mit Posaunenklang, Bauernballgetümmel und Jahrmarktstrubel, mal laut und ausgelassen, mal leise und besinnlich. Aber es ist kein Abschied für immer; denn auch für den September gilt, was uns der Mai von seiner blumengeschmückten Kutsche zum Schluss lächelnd zuruft: »Ich komm ja wieder!« Wir wünschen Ihnen einen nicht allzu wehmütigen Abschied vom Sommer und einen geruhsamen Übergang in einen hoffentlich »goldenen Herbst«.

Der September

Das ist ein Abschied mit Standarten
aus Pflaumenblau und Apfelgrün.
Goldlack und Astern flaggt der Garten,
und tausend Königskerzen glühn.

Das ist ein Abschied mit Posaunen,
mit Erntedank und Bauernball.
Kuhglockenläutend ziehn die braunen
und bunten Herden in den Stall.

Das ist ein Abschied mit Gerüchen
aus einer fast vergess'nen Welt.
Mus und Gelee kocht in den Küchen.
Kartoffelfeuer qualmt im Feld.

Das ist ein Abschied mit Getümmel,
mit Huhn am Spieß und Bier im Krug.
Luftschaukeln möchten in den Himmel,
doch sind sie wohl nicht fromm genug.

Die Stare gehen auf die Reise.
Altweibersommer weht im Wind.
Das ist ein Abschied laut und leise.
Die Karussells drehn sich im Kreise,
und was vorüber schien, beginnt.

PRISMA Nr. 15 (Januar bis April 2001)

Schwerpunkt-Thema »Bäume«

Es war der schönste Wald, den ich gekannt

Dichter und ihr Verhältnis zu Bäumen und zum Wald

Jedem, der sich etwas eingehender mit dem Leben unserer Dichter beschäftigt, kann es nicht verborgen bleiben, dass viele von ihnen ein besonders inniges Verhältnis zum Wald im Allgemeinen und zu einzelnen Bäumen im Besonderen haben. Davon legen zahlreiche Gedichte und Prosatexte aus mehreren Jahrhunderten ein beredtes Zeugnis ab. Dies möchten wir unseren Lesern an einigen ausgewählten Beispielen – stellvertretend für eine Vielzahl anderer – vor Augen führen.

Friedrich Hölderlin (1770 bis 1843) preist die Natur und ihre Schönheit als heilende Kräfte für den der Natur weitgehend entfremdeten Menschen. Viele seiner Gedichte gehören zu den Höhepunkten deutscher Lyrik. In seinem Gedicht **Die Eichbäume** kommt die Sehnsucht des Dichters nach der urwüchsigen und von Menschenhand noch nicht verunstalteten Schöpfung treffend zum Ausdruck. Aus den von fleißigen Menschen angelegten und sorgfältig gepflegten Gärten flieht Hölderlin in Gedanken zu den mächtigen Eichen, *den Söhnen der Berge, von denen keiner noch in die Schule der Menschen gegangen ist.*

Überschwänglich preist er die prachtvollen Bäume, *die wie der Adler die Beute mit gewaltigem Arm den Raum ergreifen*, und vergleicht jeden einzelnen mit einem Gott:

> **...Aber ihr, ihr Herrlichen, steht
> wie ein Volk von Titanen
> in der zahmeren Welt
> und gehört nur euch und dem Himmel,
> der euch nährt und erzog,
> und der Erde, die euch geboren ...
> Eine Welt ist jeder von euch,
> wie die Sterne des Himmels lebt ihr,
> jeder ein Gott, in freiem Bunde zusammen ...**

Die Schlusszeile des Gedichts offenbart zusammenfassend noch einmal die ungestillte Sehnsucht des Dichters: *Wie gern würd' ich unter euch wohnen!* – Auch **Gottfried Keller (1818–1890)**, schweizerischer Dichter des »Poetischen Realismus«, schwärmt in seinem Gedicht **Waldlied** von einem Eichenwald und beginnt seine Lobeshymne mit folgenden Zeilen:

> **Arm in Arm und Kron' an Krone**
> **steht der Eichenwald verschlungen.**
> **Heut' hat er bei guter Laune**
> **mir sein altes Lied gesungen ...**

In sieben Strophen schildert er dann im Einzelnen, was sein Ohr vernimmt, wenn der Gott Pan die Geige streicht und – mal laut, mal leise – *seine Wälder in der alten Weltenweise unterrichtet – in den sieben alten Tönen, die umfassen alle Lieder.* Der Dichter hört voller Andacht, wie der Wald singt. Wohlgemerkt: *Der Wald* singt – nicht etwa die *Vögel des Waldes;* sie lauschen mit ihm gemeinsam dem Gesang. Das Gedicht schließt mit der Schilderung einer wahrhaft paradiesischen Szene:

> **... Und es lauschen still die jungen**
> **Dichter und die jungen Finken.**
> **Kauernd in den dunklen Büschen**
> **sie die Melodien trinken.**

Die in Königsberg geborene, stark in ihrer ostpreußischen Heimat verwurzelte Dichterin **Agnes Miegel (1879–1964)** verbrachte während ihrer Kindheit nur *ein paar kurze Sommerstunden* in einem herrlichen Wald und schildert diesen Eindruck in ihrem Gedicht **Der Buchenwald**:

> **Es war der schönste Wald, den ich gekannt,**
> **mit einem fremden, reichen Märchenleben.**
> **Mohnblüten brannten rot an seinem Rand,**
> **und Rehe tranken abends aus den Gräben ...**

Das hier so anschaulich beschriebene Erlebnis aus fernen Kindheitstagen hat sich damals der Dichterin unauslöschlich eingeprägt. Noch als reife Erwachsene beteuert sie, dass sie bis an das Ende ihrer Tage beglückt von jenem Wald träumen werde:

> **... Ich weiß es: Ist mein Sterben nah,**
> **werd' ich im Traum noch nach dem Walde suchen.**

Im Insel-Verlag erschien 1996 die erste Auflage eines Taschenbuches mit Gedichten, Betrachtungen und Fotos unter dem Titel **Bäume**. Die Texte stammen ausnahmslos von dem Dichter, Gartenliebhaber und Baum-Verehrer **Hermann Hesse (1877–1962)**. Im Vorwort begründet er seine *Ehrfurcht vor den Bäumen* mit folgenden Sätzen:

Bäume sind für mich immer die eindringlichsten Prediger gewesen. In ihren Wipfeln rauscht die Welt, ihre Wurzeln ruhen im Unendlichen ... Bäume sind Heiligtümer. Wer mit ihnen zu sprechen, wer ihnen zuzuhören weiß, der erfährt die Wahrheit. Sie predigen nicht Lehren und Rezepte; sie predigen, um das Einzelne unbekümmert, das Urgesetz des Lebens.

Die Bäume, die uns Hermann Hesse in den 33 Beiträgen des Bändchens vorstellt, wachsen teils im Wald oder auf freiem Feld, teils im von Menschenhand gestalteten Garten. Und für die Bäume in seiner unmittelbaren Umgebung, mit denen der Dichter jahre- oder gar jahrzehntelang zusammenlebte, gilt jenes Bekenntnis aus seiner *Klage um einen alten Baum*, bei dem ich, als ich diese Stelle zum ersten Mal las, unwillkürlich an das Lied *Mein Freund, der Baum* der Schlagersängerin *Alexandra* denken musste:

Jeder ist mein Freund, von jedem weiß ich Geheimnisse, die nur ich und sonst niemand weiß. Einen dieser Bäume zu verlieren heißt für mich, einen Freund verlieren.

Auch der Großstädter **Erich Kästner (1899–1974)**, Autor des Gedicht-Zyklus *Die dreizehn Monate* mit den wunderbaren Versen über den Mai und den September, mit denen wir unsere Leser im vergangenen Jahr bekannt machten, sucht und findet in seinem Gedicht **Die Wälder schweigen** Trost bei den Bäumen des Waldes:

... Mit Bäumen kann man wie mit Brüdern reden
und tauscht bei ihnen seine Seele um.
Die Wälder schweigen, doch sie sind nicht stumm.
Und wer auch kommen mag – sie trösten jeden! ...

Abschließend sollen noch zwei Dichter erwähnt werden, denen es gelingt, sich mit Hilfe ihrer Fantasie – man darf es wohl so formulieren – *in die Seele eines Baumes hineinzuversetzen.*

Rainer Maria Rilke (1875–1926) führt uns in seinem bekannten Gedicht **Advent** zu einer Tanne im tief verschneiten Winterwald, die vorausahnt, dass sie in wenigen Tagen – Weihnachten steht vor der Tür – *fromm und lichterheilig* sein wird. Sie sehnt förmlich den Augenblick herbei, da sie als herrlich geschmückter Christbaum im Schein der Kerzen in einer guten Stube steht – und in dieser Vorfreude *wehrt sie dem Wind und wächst entgegen der einen Nacht der Herrlichkeit.*

Und unser großer Spätromantiker **Joseph von Eichendorff (1788–1857)** lässt in seinem Gedicht **Winternacht** einen kahlen Baum, der einsam und verlassen auf freiem Feld schutzlos dem Schnee und der Kälte ausgeliefert ist, vom kommenden Frühling und *von Grün und Quellenrauschen träumen.* Wer von uns Menschen tut dies nicht auch hin und wieder während der kalten Jahreszeit? Darum folgt hier zum Abschluss Eichendorffs Gedicht in voller Länge:

Winternacht

Verschneit liegt rings die ganze Welt.
Ich hab' nichts, was mich freuet.
Verlassen steht der Baum im Feld,
hat längst sein Laub verstreuet.

Der Wind nur geht bei stiller Nacht
und rüttelt an dem Baume.
Da rührt er seine Wipfel sacht
und redet wie im Traume.

Er träumt von künft'ger Frühlingszeit,
von Grün und Quellenrauschen,
wo er im neuen Blütenkleid
zu Gottes Lob wird rauschen.

PRISMA Nr. 16 (Mai bis August 2001)

Schwerpunkt-Thema »Gärten«

Leserbrief

Einen herzlichen Dank für die Zusendung von »Prisma« Nr. 15. Das Schwerpunktthema »Bäume« und vor allem der Beitrag über »Dichter und ihr Verhältnis zu Bäumen« haben wir mit Freude, Anerkennung und Dankbarkeit auf uns wirken lassen. Wir sind Bewunderer der Bäume zu jeder Jahreszeit ... Die Verbindung von Text, Interpretation und Illustration hat uns beeindruckt, ja in Bewunderung versetzt. Glückwunsch! Für den Hinweis auf das Taschenbuch »Bäume« von Hermann Hesse ganz besonderen Dank. Wir werden das Bändchen morgen besitzen! ...

Alfons und Hanne Braun, Zell am Harmersbach

Weißer Flieder und Hyazinthen
Zwei Gedichte zum Thema »Gärten«

Der in Hildesheim geborene Dichter **Börries Freiherr von Münchhausen (1874–1945)** erwarb sich große Verdienste um die Wiederbelebung der Balladendichtung im 20. Jahrhundert und wird gepriesen als der bedeutendste Erneuerer der deutschen Ballade. Er verfasste eine größere Anzahl historischer Balladen voller Spannung und Dramatik, darunter weithin bekannte wie *Bauernaufstand* und *Hunnenzug*. Aber wir verdanken ihm auch eine Reihe stimmungsvoller lyrischer Gedichte, wie etwa das anmutige *Birkenlegendchen*, das reizende *Kinderlied im Frühling* oder das »Gartengedicht« **Weißer Flieder**, das ihnen heute vorstellen möchten.

Nach einem Tag voller Regen, der scharenweise schwarze Schnecken aus ihren Verstecken hervorlockte, bricht über den vor Nässe triefenden Garten die Nacht herein. In der Dunkelheit verbreitet sich der betörende Duft des plötzlich aufgebrochenen weißen Flieders, der zusammen mit den von den Blütendolden herabfallenden dicken Wassertropfen und dem lieblichen Gesang der Nachtigall den Leser förmlich verzaubert und in seinen Bann schlägt:

Weißer Flieder

Nass war der Tag. Die schwarzen Schnecken krochen.
Doch als die Nacht schlich durch die Gärten her,
da war der weiße Flieder aufgebrochen,
und über alle Mauern hing er schwer.

Und über alle Mauern tropften leise
von bleichen Trauben Perlen groß und klar;
und war ein Duften rings, durch das die Weise
der Nachtigall wie Gold geflochten war.

In einem weniger bekannten Gedicht von **Theodor Storm (1817–1888)** spielt der Garten auf den ersten Blick eher eine untergeordnete Rolle. Theodor Storm, zu dessen bekanntesten Gedichten *Knecht Ruprecht*, *Die Stadt* und *Abseits* gehören, schildert in seinem Gedicht **Hyazinthen** den Gegensatz zwischen einem Fest mit Musik und Tanz, wo *die Kerzen brennen und die Geigen schreien* und ausgelassene, fröhliche Menschen bis in die späte Nacht hinein feiern und sich amüsieren, und der Stille eines nächtlichen Gartens mit seinen schlummernden Pflanzen.

Diese Diskrepanz manifestiert sich im Gegenüber eines jungen Mannes (der Dichter spricht von ihm in der ersten Person) und seiner Geliebten, die sich dem Rausch des Festes und den Verlockungen des Tanzes hingibt, während ihn im Garten die Stille der Nacht umfängt und er den Schlaf herbeisehnt. Der Gegensatz der Wünsche – *er möchte schlafen, aber sie muss tanzen!* – wird dadurch verschärft, dass sich *fremde Arme an das Herz der Geliebten schmiegen* und ihre leichte, zärtliche Gestalt den Anstrengungen augenscheinlich nicht mehr gewachsen ist; denn sie ist *blass*, während alle anderen *glühen*.

Dieses Gedicht hat kein »happy end«. Der einsame Verliebte im Garten bleibt mit seinem Kummer allein und findet nur Trost im *Duft der Nacht, der süß und träumerisch aus dem Kelch der Pflanzen strömt*. Und er bringt es – weiß der Himmel, warum – nicht fertig, sich auf den Weg zu den Feiernden zu machen und seine Geliebte aus dem lärmenden Vergnügen herauszuholen und in die wohltuende Stille des Gartens zu entführen ...

Hyazinthen

Fern hallt Musik; doch hier ist stille Nacht,
mit Schlummerduft anhauchen mich die Pflanzen.
Ich habe immer, immer Dein gedacht.
Ich möchte schlafen, aber Du mußt tanzen.

Es hört nicht auf, es rast ohn' Unterlass.
Die Kerzen brennen, und die Geigen schreien,
es teilen und es schließen sich die Reihen,
und alle glühen; aber Du bist blass.

Und Du musst tanzen. Fremde Arme schmiegen
sich an Dein Herz; o, leide nicht Gewalt!
Ich seh' Dein weißes Kleid vorüberfliegen
und Deine leichte, zärtliche Gestalt. –

Und süßer strömend quillt der Duft der Nacht
und träumerischer aus dem Kelch der Pflanzen.
Ich habe immer, immer Dein gedacht!
Ich möchte schlafen – aber Du musst tanzen!

PRISMA Nr. 17 (September bis Dezember 2001)

Schwerpunkt-Thema »Kinder«

Kinder mit Papierlaternen
Betrachtungen zu einem Gedicht von Manfred Hausmann

Am 10. September 1998 wäre *Manfred Hausmann* 100 Jahre alt geworden. Aus diesem Anlass brachte die Edition Temmen ein Buch des Nord-Bremer Schriftstellers *Ulf Fiedler* unter dem Titel *Manfred Hausmann – neu entdeckt* heraus. Im Vorwort äußert der Autor den Wunsch, dass ältere Leser, die den Dichter seit Jahrzehnten kennen und schätzen, »ihn wieder einmal zur Hand nehmen«, und dass jüngere, die bisher von ihm kaum etwas gehört geschweige denn gelesen haben, »ihn neu entdecken«.

Haben Sie Lust, mit uns auf Entdeckungsreise zu gehen?

Rund 24 Jahre seines Lebens verbrachte *Manfred Hausmann (1898–1986)* in Worpswede. Die unvergleichliche Atmosphäre des Künstlerdorfes und seiner Umgebung hat er in seiner Essay-Sammlung *Kreise um eine Mitte* meisterhaft geschildert. Und in den 1990 posthum veröffentlichten *Worpsweder Kalenderblättern* finden sich Erinnerungen des Dichters an das bei allen Kindern auch heute noch so beliebte Laternelaufen:

»… Wir gehen durch den dunklen Föhrenwald und singen. Ich begreife noch einmal, was die Kinder dies Spiel so lieben lässt: Ein Licht eigen zu haben, wie wunderbar das ist. Es ist wie ein Traum! Das farbige, transparente Papier. Der bunte Schein. Das Schwebende. Das leise Beben des Lichts …Und da sind die Gefährten, die im Dunkeln dahingleiten. Das ist das Wunder, nach dem sich die Seele des Kindes unaufhörlich sehnt.«

An anderer Stelle schreibt er über ein Bild der Malerin *Paula Modersohn-Becker* mit dem Titel *Kinder mit Papierlaternen*:

»Ich sah ein Bild von Paula Modersohn-Becker, fast eine Skizze nur, die Bemühung, einen gesegneten Augenblick festzuhalten: Vier Dorfkinder mit verwaschenen Kleidern in den Schummern eines Sommerabends, Papierlaternen in den Händen …«

Dann beschreibt er voller Begeisterung,

»wie die Farben, diese unsagbaren Farben zueinander standen, wie das warme Licht der Lampions noch wärmer war als die Dämmerung, wie das Haus hinten rechts und die angedeuteten Föhren hinten links den Halt gaben und wie diese Welt einen Augenblick lang vollkommen im Gleichgewicht war.«

Die Erinnerungen des Dichters an das Laternelaufen in Worpswede und an das Bild von Paula Modersohn-Becker haben ihn später dazu bewogen, das Erlebte und Geschaute in Versen auszudrücken. So entstand das nachfolgende stimmungsvolle Gedicht, das sicher auch bei vielen unserer Leser Erinnerungen an die eigene Kindheit wachruft. Und vielleicht hegten auch Sie damals den Wunsch, »dass es nie zu Ende wär«?

Kinder mit Papierlaternen

Sie haben Lichter, welche leise beben
im Inneren des verhüllenden Papiers.
Ihr Gang ist wie ein feierliches Schweben,
sie sehn das Haus nicht, nicht den Baum daneben,
sie sehn das Licht nur, und das Licht ist ihrs.

So ziehen sie straßauf, straßab und tragen
den Schein durchs Dorf und durch den Abendwind
und lächeln, wenn sie einen Bogen schlagen,
und singen dann und wissen nicht zu sagen,
warum sie singen und so glücklich sind.

Nun schweben sie hinüber in die Heide.
Ein Mond, ein dunkelroter, geht voran,
dann kommen zwei ganz kleine, golden beide,
dann glimmt es bunt wie zaubrisches Geschmeide
und dann hellblau und wieder golden dann.

Und über ihnen steht in der geringen
und grauen Dämmerung der Große Bär.
Sie gehn am Armenhaus vorbei und schlingen
sich sacht zurück und gehn und gehn und singen
und möchten, dass es nie zu Ende wär.

PRISMA Nr. 18 (Januar bis April 2002)

Das Jahr ist klein
und liegt noch in der Wiege

Über das Gedicht »Der Januar« von Erich Kästner

In Nr. 4 und Nr. 14 unserer Zeitschrift haben wir unseren Lesern die Gedichte *Der Mai* und *Der September* aus dem Zyklus *Die dreizehn Monate* von **Erich Kästner (1899–1974)** vorgestellt. Der bekannte Kinderbuchautor schrieb diese Gedichte Anfang der 50er Jahre auf Bitten eines Zeitungsverlages »für Großstädter und andere Zivilisationsgeschädigte«. Kürzlich erschien der Gedichtzyklus in einer neuen Ausgabe, illustriert durch 13 Grafiken von *Celestino Piatti*, im Deutschen Taschenbuch-Verlag (dtv Nr. 11014).

Heute möchten wir Sie mit dem ersten Gedicht dieser Serie **Der Januar** bekannt machen und wünschen unseren Lesern gleichzeitig viel Glück und alles Gute für das neue Jahr.

Der Januar

Das Jahr ist klein und liegt noch in der Wiege.
Der Weihnachtsmann ging heim in seinen Wald.
Doch riecht es noch nach Krapfen auf der Stiege.
Das Jahr ist klein und liegt noch in der Wiege.
Man steht am Fenster und wird langsam alt.

Die Amseln frieren. Und die Krähen darben.
Und auch der Mensch hat seine liebe Not.
Die leeren Felder sehnen sich nach Garben.
Die Welt ist schwarz und weiß und ohne Farben
und wär' so gerne gelb und blau und rot.

Umringt von Kindern wie der Rattenfänger
tanzt auf dem Eise stolz der Januar.
Der Bussard zieht die Kreise eng und enger.
Es heißt, die Tage werden wieder länger.
Man merkt es nicht. Und es ist trotzdem wahr.

Die Wolken bringen Schnee aus fremden Ländern,
und niemand hält sie auf und fordert Zoll.
Silvester hörte man's auf allen Sendern,
dass sich auch unter'm Himmel manches ändern
und, außer uns, viel besser werden soll.

Das Jahr ist klein und liegt noch in der Wiege
und ist doch hunderttausend Jahre alt.
Es träumt von Frieden. Oder träumt´s vom Kriege?
Das Jahr ist klein und liegt noch in der Wiege
und stirbt in einem Jahr. Und das ist bald.

PRISMA Nr. 19 (Mai bis August 2002)

Die Luft ist blau, das Tal ist grün
Anmerkungen zu zwei Gedichten von Ludwig Hölty

Vielleicht erinnern sich einige unter unseren älteren Lesern noch an ein Gedicht, das während ihrer Schulzeit in ihrem Lesebuch unter der Überschrift *Der alte Landmann an seinen Sohn* zu finden war. Und vielleicht haben sie es – nach einer Melodie von Wolfgang Amadeus Mozart aus seiner Oper »Die Zauberflöte« – öfter gesungen und den Text möglicherweise auch einmal auswendig gelernt. Es beginnt mit den Zeilen: *Üb' immer Treu und Redlichkeit / bis an dein kühles Grab* ... Das Gedicht schrieb – ein Jahr vor seinem Tod – der früh verstorbene Dichter **Ludwig Heinrich Christoph Hölty (1748–1776)**. Es enthält eine Anzahl gut gemeinter Ratschläge, die ein Vater seinem Sohn mit auf den Lebensweg gibt.

Der in seinem kurzen Leben häufig von Krankheiten heimgesuchte Ludwig Hölty besang in seinen Gedichten vor allem die Natur, die Freundschaft und die Liebe. Das erste Gedicht, das wir Ihnen in dieser Ausgabe vorstellen möchten, trägt den Titel *Mainacht*. Es ist überschattet von wehmütigen Gedanken, und man findet in ihm kaum eine Spur von Frühlingsfreude und Lebenslust. Die flötende Nachtigall und das girrende Taubenpaar lassen den empfindsamen Dichter vielmehr seine brennende Sehnsucht nach dem lächelnden Bild, das *wie Morgenrot durch die Seele ihm strahlt*, besonders schmerzvoll erleben. Das Gedicht vermittelt eine tief- melancholische Stimmung, die durch die Vertonung des Textes von *Johannes Brahms* auch musikalisch besonders stark zum Ausdruck kommt.

Mainacht

Wenn der silberne Mond durch die Gesträuche blickt
und sein schlummerndes Licht über den Rasen geußt
und die Nachtigall flötet,
wand'l ich traurig vom Busch zu Busch.

Selig preis ich dich dann, flötende Nachtigall,
weil dein Weibchen mit dir wohnet in einem Nest,
ihrem singenden Gatten
tausend trauliche Küsse gibt.

Überschattet von Laub girret ein Taubenpaar
sein Entzücken mir vor.
Aber ich wende mich, suche dunklere Schatten,
und die einsame Träne rinnt.

Wann, o lächelndes Bild, welches wie Morgenrot
durch die Seele mir strahlt, find' ich auf Erden dich?
Und die einsame Träne
bebt mir heißer die Wang' herab.

Erich Kästner äußert in seinem Gedicht *Der Mai* die Ansicht, dass auch »*Glück weh tun kann*« und dass »*Melancholie und Freude wohl Schwestern sind*«. Die beiden Mai-Gedichte von Ludwig Hölty scheinen diese Aussage besonders eindrucksvoll zu bestätigen. In seinem zweiten Gedicht **Mailied** nämlich lernen wir den Dichter von einer völlig anderen, heiter-lebensbejahenden Seite kennen. Ähnlich wie Goethe, der zu Beginn seines gleichnamigen Gedichts mit den Worten *Wie herrlich leuchtet mir die Natur / wie glänzt die Sonne, wie lacht die Flur ...* förmlich hingerissen vom Frühling schwärmt, begrüßt auch Hölty voller Freude die wieder erwachende Natur mit ihren Maiglöckchen, den Schlüsselblumen und dem bunten Wiesengrund, der sich täglich noch bunter malt. Der Dichter mahnt uns aber auch, bei allem berechtigten Frohsinn den Urheber und Schöpfer nicht zu vergessen, *der diese Pracht hervorgebracht, den Baum und seine Blüte*.

Wir wünschen Ihnen, liebe Leser, viele schöne Tage im »Wonnemonat Mai« den Erich Kästner den *Mozart des Kalenders* nannte.

Mailied

Die Luft ist blau, das Tal ist grün,
die kleinen Maienglocken blühn
und Schlüsselblumen drunter.
Der Wiesengrund ist schon so bunt
und malt sich täglich bunter.

Drum komme, wem der Mai gefällt,
und freue sich der schönen Welt
und Gottes Vatergüte,
die diese Pracht hervorgebracht,
den Baum und seine Blüte.

PRISMA Nr. 21 (Januar bis April 2003)

Bereit zum Abschied und zum Neubeginn
Gedanken zu dem Gedicht »Stufen« von Hermann Hesse

Am 2. Juli 2002 feierten Menschen in aller Welt den 125. Geburtstag des Dichters **Hermann Hesse (1877–1962)**. In einem anlässlich dieses Tages von den Verlagen Suhrkamp und Insel in Frankfurt am Main herausgegebenen »Hesse-Magazin« wurde mitgeteilt, dass »dieses Fest während des ganzen Jahres gefeiert wird«. So gab es dann im »Hesse-Jahr 2002« insgesamt weit über 400 Veranstaltungen zu Ehren des großen Dichters – Ausstellungen, Vorträge, Theateraufführungen, Fernsehsendungen, Lesungen und Konzerte. Und in Seoul, der Hauptstadt Süd- Koreas, entstand in dieser Zeit »das größte Hesse- Museum der Welt« mit dem maßstabgetreu nachgebauten Elternhaus des Dichters aus dem württembergischen Calw.

Hermann Hesse gehört zu den meistgelesenen Autoren des 20. Jahrhunderts. Von seinen Büchern, die in mehr als 50 Sprachen verbreitet sind, wurden bisher über 100 Millionen Exemplare verkauft. Der Friedens-Nobelpreisträger, der durch Romane wie *Unterm Rad, Peter Camenzind, Demian, Siddartha, Der Steppenwolf* und *Das Glasperlenspiel* weltweit bekannt wurde, schrieb aber auch – nach eigener Feststellung – eine »erschreckend große Menge von Gedichten«, insgesamt rund 1.400! Volker Michels legte vor 25 Jahren mit einem Suhrkamp-Taschenbuch »die bisher vollständigste Ausgabe der Lyrik Hermann Hesses« vor. Sie umfasst immerhin mehr als 680 Gedichte, aber eben nur knapp die Hälfte des lyrischen Gesamtwerks des Autors.

In dem Buch *Die Lieblingsgedichte der Deutschen*, das auf Grund einer Hörerumfrage des Westdeutschen Rundfunks im Jahr 2000 entstand und für das die Herausgeber aus über 3.000 eingesandten Gedichten die 100 beliebtesten herausfilterten, finden wir auch drei Gedichte von *Hermann Hesse*. Neben seinem anrührenden Abendgedicht *Beim Schlafengehen* enthält es natürlich seine beiden bekanntesten: *Im Nebel* (auf Platz 26) und, weil mit Abstand am häufigsten genannt, an erster Stelle vor 99 anderen das 22 Zeilen umfassende und immer wieder zum Lesen und Nachdenken anregende dichterische Meisterwerk mit dem lapidaren Titel **Stufen**.

Das Gedicht entstand 1941. Im Roman *Das Glasperlenspiel* finden wir es als vorletztes unter den 13 Gedichten des Schülers und Studenten Josef Knecht. Es beschreibt in drei unterschiedlich langen Strophen mit einfachen Worten drei Abschnitte unseres Lebens: die Jugend, die Zeit der Reife und das Alter. Hesse ermuntert uns dazu, in jeder Lebensstufe ausreichend Erfahrungen zu sammeln, um für die Herausforderungen der nächsten hinreichend gewappnet zu sein. Mit den letzten vier Zeilen versucht er, uns die Angst vor dem Tod zu nehmen: Auch das Sterben ist nur ein Übergang in eine weitere, noch höhere Stufe, in der wir uns aufs Neue bewähren müssen.

Das Gedicht wurde von *Richard Strauß* vertont. Da häufig nur seine zweite Hälfte zitiert wird (»*Wir sollen heiter Raum um Raum durchschreiten ...*«), stellen wir es heute in voller Länge vor und wünschen, dass es Sie mit seiner befreienden und tröstenden Botschaft das ganze Jahr hindurch begleiten möge.

Stufen

Wie jede Blüte welkt und jede Jugend
dem Alter weicht, blüht jede Lebensstufe,
blüht jede Weisheit auch und jede Tugend
zu ihrer Zeit und darf nicht ewig dauern.
Es muß das Herz bei jedem Lebensrufe
bereit zum Abschied sein und Neubeginne,
um sich in Tapferkeit und ohne Trauern
in andre, neue Bindungen zu geben.
Und jedem Anfang wohnt ein Zauber inne,
der uns beschützt und der uns hilft, zu leben.

Wir sollen heiter Raum um Raum durchschreiten,
an keinem wie an einer Heimat hängen,
der Weltgeist will nicht fesseln uns und engen,
er will uns Stuf' um Stufe heben, weiten.
Kaum sind wir heimisch einem Lebenskreise
und traulich eingewohnt, so droht Erschlaffen;
nur wer bereit zu Aufbruch ist und Reise,
mag lähmender Gewöhnung sich entraffen.

Es wird vielleicht auch noch die Todesstunde
uns neuen Räumen jung entgegen senden,
des Lebens Ruf an uns wird niemals enden ...
Wohlan denn, Herz, nimm Abschied und gesunde!

PRISMA Nr. 22 (Mai bis August 2003)

Im wunderschönen Monat Mai

Heinrich Heine besingt den Frühling

Der Frühling ist die Jahreszeit, die von Dichtern und Komponisten mit Texten und Melodien am meisten gepriesen wird. Das ist nicht verwunderlich, warten wir Menschen doch voller Sehnsucht – besonders nach einem langen Winter wie dem hinter uns liegenden – auf den Duft der ersten Frühlingsblumen, den Gesang der heimkehrenden Vögel und den Farbenreichtum der wieder erwachenden Natur. In der Fantasie des Dichters *Joseph von Eichendorff* träumt mitten im tiefsten Winter auf verschneitem Feld sogar ein Baum »*von künft'ger Frühlingszeit, von Grün und Quellenrauschen*« und freut sich auf sein »*neues Blütenkleid*« (so in dem Gedicht *Winternacht,* das wir unseren Lesern in PRISMA Nr. 15 vorstellten).

Frühlingsgedichte gibt es in Hülle und Fülle: In Gedichtsammlungen findet man weit über 100, darunter allein 15 mit der Überschrift *Frühling* bzw. *Der Frühling.* In einigen Ausgaben unserer Zeitschrift haben wir Sie bereits mit Frühlingsgedichten von *Ludwig Uhland, Eduard Mörike* und *Erich Kästner* bekannt gemacht. Heute möchten wir Ihnen zwei Gedichte von **Heinrich Heine (1797–1856)** vorstellen. In beiden erfahren wir, was u.a. *Johann Wolfgang von Goethe* in seinem *Mailied* so treffend zum Ausdruck bringt: Der Frühling ist nicht nur die Zeit der wieder erwachenden *Natur* um uns herum – er ist auch die Zeit der erwachenden oder wieder erwachenden *Liebe* im Herzen der Menschen. Frühling und Liebe gehören zusammen!

In dem nun folgenden ersten Gedicht, das keine Überschrift hat, erinnert sich *Heinrich Heine* rückblickend und sicher mit großer Freude daran, wie einst im »Wonnemonat Mai« in seinem Herzen »die Liebe aufgegangen« ist:

Im wunderschönen Monat Mai,
als alle Knospen sprangen,
da ist in meinem Herzen
die Liebe aufgegangen.

Im wunderschönen Monat Mai,
als alle Vögel sangen,
da habe ich ihr gestanden
mein Sehnen und Verlangen.

Dem zweiten Gedicht gab Heine die Überschrift **Frühlingslied**. Vielleicht hegte er dabei insgeheim den Wunsch, dass ein Musiker einmal eine passende Melodie zu seinem Text komponieren würde. Den Wunsch erfüllte später der Komponist *Felix Mendelssohn- Bartholdy*, der u.a. auch *Uhlands* bekanntes Gedicht *Frühlingsglaube* vertonte.

In einer Gedicht-Interpretation schwärmt *Marcel Reich-Ranicki* von der »kaum zu überbietenden Popularität dieser Verse«, lobt ihre »sprachliche Vollendung, ihren Charme und ihre Grazie« und verweist ausdrücklich auch auf die herrliche Vertonung von Mendelssohn-Bartholdy. Übrigens gibt es auch zum ersten Gedicht eine einschmeichelnde Melodie. Sie stammt von *Robert Schumann.*

Hier folgt nun das zweite Gedicht von Heinrich Heine, einem unserer größten Lyriker, und wir wünschen Ihnen mit diesen Zeilen noch viele schöne Tage im »Wonnemonat Mai«.

Frühlingslied

Leise zieht durch mein Gemüt
liebliches Geläute.
Klinge, kleines Frühlingslied,
kling hinaus ins Weite!

Kling hinaus bis an das Haus,
wo die Blumen sprießen.
Wenn du eine Rose schaust,
sag, ich lass sie grüßen.

PRISMA Nr. 23 (September bis Dezember 2003)

Trost und Zuversicht
gegen Einsamkeit und Verzweiflung
Betrachtung zu zwei Gedichten
von Hermann Hesse und Hans Carossa

Der Dichter *Hermann Hesse (1877–1962)* litt schon als Kind und Jugendlicher häufig in extremer Weise unter dem Gefühl der Verlassenheit und der Einsamkeit. Aber auch als Erwachsener wurde er immer wieder von schweren seelischen Krisen heimgesucht und floh nicht selten aus dem Kreis der ihm nahe stehenden Menschen in die Stille der Natur, um allein zu sein.

In seinem Gedicht *Im Nebel* zieht Hesse einen Vergleich zwischen den Bäumen in einer trostlosen Nebel-Landschaft und dem Leben von Menschen, die in Verzweiflung gestürzt sind, nachdem irgendwann zuvor »*ihr Leben noch licht war*«. Er schrieb es im Jahre 1906, nachdem er 1904 geheiratet hatte und 1905 das erste Kind geboren war. Auch als Ehemann und Vater suchte der Dichter zwischendurch immer wieder das Alleinsein und die Einsamkeit.

Hier folgt nun Hesses Gedicht, das übrigens in dem Buch *Die Lieblingsgedichte der Deutschen* an 26. Stelle steht.

Im Nebel

Seltsam, im Nebel zu wandern!
Einsam ist jeder Busch und Stein.
Kein Baum sieht den andern,
jeder ist allein.

Voll von Freunden war mir die Welt,
als noch mein Leben licht war;
nun, da der Nebel fällt,
ist keiner mehr sichtbar.

Wahrlich, keiner ist weise,
der nicht das Dunkel kennt,
das unentrinnbar und leise
von allen ihn trennt.

Seltsam, im Nebel zu wandern!
Leben ist Einsam-Sein!
Kein Mensch kennt den andern,
jeder ist allein!

Der Dichter **Hans Carossa (1878–1956)**, Sohn eines Arztes, war selbst Arzt und schrieb u.a. den Roman *Der Arzt Gion* (1931) und den Erlebnisbericht *Der Tag des jungen Arztes* (1955). Er gilt als »ein Meister klassisch ausgewogener Gedichte« und erhielt 1928 den Gottfried-Keller-Preis der Stadt Zürich sowie 1938 den Goethe-Preis der Stadt Frankfurt am Main.

In seinem Gedicht **Der alte Brunnen** schildert Carossa den Schlaf eines Gastes unter seinem Dach, der plötzlich dadurch unterbrochen wird, dass der Brunnen vor dem Haus aufhört zu plätschern, weil ein nächtlicher Wanderer seinen Durst löschen will. Den aus Schlaf und Traum gerissenen, ein wenig aufgeschreckten Gast tröstet der Dichter mit dem Hinweis darauf, dass nichts Beunruhigendes geschehen ist; und der Wanderer, der gleich weiterzieht, wird zum Symbol für viele andere, die wie er unterwegs sind – mancher von ihnen möglicherweise, um einen ihm noch unbekannten Menschen aus seiner Einsamkeit zu erlösen und ihm Trost und Zuversicht zu vermitteln.

Der alte Brunnen

Lösch aus dein Licht und schlaf! Das immer wache
Geplätscher nur vom alten Brunnen tönt.
Wer aber Gast war unter meinem Dache,
hat sich stets bald an diesen Ton gewöhnt.

Zwar kann es einmal sein, wenn du schon mittten
im Traume bist, dass Unruh geht ums Haus.
Der Kies am Brunnen knirscht von harten Tritten,
das helle Plätschern setzt auf einmal aus,

und du erwachst. Dann musst du nicht erschrecken!
Die Sterne stehn vollzählig über'm Land,
und nur ein Wandrer trat ans Marmorbecken,
der schöpft vom Brunnen mit der hohlen Hand.

Er geht gleich weiter; und es rauscht wie immer.
O freue dich, du bleibst nicht einsam hier!
Viel Wandrer gehen fern im Sternenschimmer –
und mancher noch ist auf dem Weg zu dir.

PRISMA Nr. 24 (Januar bis April 2004)

Ich will dich auf den Händen tragen

Zu zwei Gedichten von Karl May

Viele von uns denken, wenn sie den Namen des in Sachsen geborenen »Volksschriftstellers« *Karl May (1842–1912)* hören, unwillkürlich an einige seiner bekanntesten Bücher, die sie vielleicht als Kind gelesen haben: *Winnetou, Old Surehand, Der Schut, Der Schatz im Silbersee, Das Vermächtnis des Inka, Unter Geiern* oder *Die Sklavenkarawane*. Nicht wenige von ihnen wurden verfilmt oder liegen in Hörspielfassungen auf Schallplatte, Kassette oder CD vor, und in Bad Segeberg werden die beliebtesten seiner Werke alljährlich während der Karl-May-Festspiele einem stets begeisterten Publikum als zugkräftige Theaterstücke vorgeführt. Die Abenteuerromane und Reiseschilderungen des Schriftstellers hatten schon vor 30 Jahren eine deutschsprachige Gesamtauflage von über 50 Millionen Exemplaren und wurden bis heute in mehr als 25 Sprachen übersetzt.

Vermutlich wissen aber nur wenige, dass Karl May – vor allem im vorgerückten Alter – auch *Gedichte* geschrieben hat – mehr als 150 insgesamt! Sie sind zu finden im Band 49 seiner gesammelten Werke unter dem Titel *Lichte Höhen*, der u.a. auch die Prosatexte *Babel und Bibel* und *Von Allah zu Apollon* enthält. *Roland Schmid* nennt in seinem Nachwort zu diesem Band Karl May einen »wahren Philanthropen« und einen »Prediger der Menschlichkeit, der Versöhnung und der Nächstenliebe«, und von Karl May selbst stammt folgendes in der Sammlung *Mahnung und Trost* enthaltene Zitat: »Die Weltgeschichte ist zu neun Zehnteln Kriegs- und Eroberungsgeschichte. Wenn sie einst in demselben Ausmaß Geschichte einer friedlichen Entwicklung geworden ist, dann darf der Mensch beginnen, von wirklichgewordener Nächstenliebe zu sprechen.«

Karl Mays Nächstenliebe und seine Liebe zur Menschheit insgesamt haben ihren Ursprung in seiner tiefen Religiosität, die jedoch auch um die Distanz zwischen Gott und Mensch, zwischen Schöpfer und Geschöpf weiß: »Wir sind alle unmündig; es gibt nur einen Mündigen: Gott!« Sein Glaube an den allmächtigen und gütigen Gott zeigt dann aber Wege auf zur Überbrückung dieser Distanz; bereits viele Gedichte der Sammlung *Himmelsgedanken* aus dem Jahr 1901 geben davon Zeugnis. Ein Gedicht aus dieser Sammlung ist das folgende:

Frage

Hast du gelebt? O, wolle Antwort geben:
Hältst du dein Dasein wirklich für dein Leben,
das dich zurück zum wahren Leben führt?
Wie weit bist du zum Urquell vorgedrungen,
dem deine Seele, dem dein Sein entsprungen,
dem deine ganze Strebenskraft gebührt?

Hast du geglaubt? O, wolle mir doch sagen,
wie viele wohl von deinen Erdentagen
den wahren, echten Sonnenschein gekannt!
Der Glaube gibt Unendlichkeit des Schauens
im klaren, warmen Lichte des Vertrauens
und zeigt dir strahlend hell das Ursprungsland.

Zum Abschluss nun noch das Gedicht **An dich**, das Karl May mit 22 Jahren verfasste und zu dem er – man lese und staune – auch selbst eine Melodie komponierte.

An dich

Ich will dich auf den Händen tragen
und dir mein ganzen Leben weih'n.
Ich will in deinen Erdentagen
dir stets ein treuer Engel sein.
Ich will an deinen Blicken hangen
mit selig-froher Liebeslust
und nichts auf dieser Welt verlangen,
als nur zu ruh'n an deiner Brust.

Ich will dir einen Thron erbauen,
dir, der ich stets zu eigen bin.
Auf dich allein will ich nur schauen,
du meine Herzenskönigin.
Ich will dir deinen Thron bewahren
in meines Herzens tiefstem Schrein,
dein Lehensmann, bis man nach Jahren
mich legt ins kühle Grab hinein.

PRISMA Nr. 25 (Mai bis August 2004)

Herze, wag's auch du!
Gedanken zu einem Frühlingsgedicht von Theodor Fontane

Der Frühling ist die Jahreszeit, die von Dichtern am meisten und am ausgiebigsten gepriesen wird. In dem Nachschlagewerk *Von wem ist das Gedicht?* von *Anneliese Dühmert*, das Hinweise auf rund 20.000 Gedichtanfänge und -überschriften von 1.500 Dichtern enthält, findet man 21-mal die Überschriften *Frühling, Der Frühling* oder *Frühlingslied*. Weitere 72 Gedichte mit den unterschiedlichsten, aber stets auf den Frühling hinweisenden Titeln stimmen ebenfalls ein Loblied auf diese Jahreszeit an.

Wir möchten Ihnen heute ein weniger bekanntes Frühlingsgedicht des vor allem als Roman- und Balladendichter berühmt gewordenen **Theodor Fontane (1819–1898)** vorstellen. Mich erinnert es unwillkürlich an die den meisten sicher noch aus ihrer Schulzeit bekannten Verse von *Emanuel Geibel* aus seinem Gedicht *Hoffnung*:

**Und dräut der Winter noch so sehr
mit trotzigen Gebärden,
und streut er Eis und Schnee umher –
es muss doch Frühling werden.**

Denn auch bei Theodor Fontane geht es um Bangen und Hoffen, wenn der Winter scheinbar kein Ende nehmen und »im Tale immer noch kein Hoffnungsglück grünen« will, so wie Goethe es in seinem »Osterspaziergang« beschreibt. Aber wir wissen es ja aus Erfahrung – und bei Fontane »wissen« es auch die Bäume: Der Frühling kehrt mit Sicherheit jedes Jahr zurück, denn »er kam, er kam ja immer noch«. Und der alte Apfelbaum, der zunächst den späten Frühling noch nicht wahrhaben will, wird zum Vorbild für uns Menschen, wenn wir bei Kälte und Schnee im März oder im April schier verzagen und kaum noch an die Wiederkehr des Frühlings glauben wollen: »Es wagt's der alte Apfelbaum – Herze, wag's auch du!«

Frühling

Nun ist er endlich kommen doch
im grünen Knospenschuh.
Er kam, er kam ja immer noch –
die Bäume nicken sich's zu.

Sie konnten ihn all' erwarten kaum,
nun treiben sie Schuss auf Schuss.
Im Garten, der alte Apfelbaum –
er sträubt sich, aber er muss.

Wohl zögert auch das alte Herz
und atmet noch nicht frei
und bangt und sorgt: Es ist erst März,
und März ist noch nicht Mai!

O, schüttle ab den schweren Traum
und die lange Winterruh!
Es wagt's der alte Apfelbaum –
Herze, wag's auch du!

PRISMA Nr. 26 (September bis Dezember 2004)

Schwerpunkt-Thema »Heimat«

Mich lässt die Heimat nicht fort
Über Heimatverbundenheit
und Heimatliebe im deutschen Gedicht

Am 15. Juni dieses Jahres konnte man in den beiden Bremer Tageszeitungen das Ergebnis einer Umfrage nachlesen, die Anfang Mai in Berlin gestartet wurde und in der es um *Das schönste deutsche Wort* ging. Unter den mehr als 12.000 Einsendungen war am häufigsten das Wort »Liebe« vertreten, dicht gefolgt jedoch von den beiden Wörtern »Heimat« und »Glück«. Über die eigentliche Bedeutung des typischen deutschen Wortes Heimat, das sich in kaum eine andere Sprache perfekt übersetzen lässt, belehrt uns knapp und nüchtern der zwölfbändige Große Brockhaus im Band 5 aus dem Jahre 1979:

Ort, wo man zu Hause ist, Wohnort und Umgebung oder Geburtsort; Ursprungs-, Herkunftsland.

Aber: *Heimat ist nicht nur ein Wort!* So lautet der Titel eines Buches von **Mathilde Oltmann-Steil**, das 1996 im Bremer Hauschild-Verlag erschien und in dem auf Seite 9 ein Gedicht mit dem Buchtitel als Überschrift abgedruckt ist; es schließt mit der Feststellung, dass »Heimat überall sein kann«. Die Heimat der Autorin indessen ist seit ihrer Kindheit *Mein Land an der Weser*:

> **... Hier ist meine Heimat –**
> **vertraut jeder Ort.**
> **Hier bin ich geboren,**
> **und nichts treibt mich fort!**

In dem umfangreichen Nachschlagewerk *Von wem ist das Gedicht?* von *Anneliese Dühmert* sind allein sieben Gedichte mit der Überschrift *Heimat* angeführt. Weitere Titel lauten *Heimatgefühle, Heimattreue, In der Heimat, Nordische Heimat, Eine Hand voll Heimaterde* oder *Heimat in Ewigkeit*. Erwähnt ist auch das Gedicht *Auf einer Reise* von **Hermann Hesse (1877–1962)**, das mit der Zeile beginnt: **Heimat haben ist gut.**

Bei diesen Worten fällt dem einen oder anderen möglicherweise der Anfang des Wintergedichts *Vereinsamt* von **Friedrich Nietzsche (1844–1900)** ein:

> **Die Krähen schrein**
> **und ziehen schwirren Flugs zur Stadt:**
> **Bald wird es schnein –**
> **wohl dem, der jetzt noch Heimat hat!**

Das Gedicht schließt mit der Eingangsstrophe, allerdings jetzt mit der abgeänderten letzten Zeile ... *Weh dem, der keine Heimat hat!* Die hoffnungsfrohe Verheißung zu Beginn des Gedichts hat sich unversehens in eine düstere Prognose verwandelt ...

Der heute weitgehend in Vergessenheit geratene Dichter **Hermann Allmers (1821–1902)** aus Rechtenfleth an der Unterweser, 1858 schlagartig berühmt geworden durch sein *Marschenbuch*, drückt in seinem Gedicht *Friesengesang* seine Heimatverbundenheit ein wenig derb mit den Worten aus:

> **... Wer die Heimat nicht liebt und die Heimat nicht ehrt,**
> **ist ein Lump und des Glücks in der Heimat nicht wert.**

In anderen Gedichten jedoch, beispielsweise in *Heidenacht* oder *Feldeinsamkeit* – zum letzteren komponierte Johannes Brahms eine wunderschöne Melodie – schildert Hermann Allmers einprägsam seine Heimat, in der er fest verwurzelt ist. Sein Gedicht *Heidenacht* schließt mit den Versen:

> **... Was nie du vernahmst durch Menschenmund –**
> **uraltes Geheimnis, es wird dir kund,**
> **es durchschauert dich tief in der Seele Grund**
> **auf der Heide, der stillen Heide.**

Viele Dichter und Dichterinnen preisen in ihren Gedichten die Schönheit ihrer Heimat, ohne dass sie das Wort »Heimat« auch nur ein einziges Mal erwähnen. So schwärmt **Agnes Miegel (1879–1964)** in ihrem Gedicht **Der Buchenwald** von einem herrlichen Wald in ihrer Heimat Ostpreußen, einem Wald »mit einem fremden, reichen Märchenleben«, in dem sie als Kind zwar »nur ein paar kurze Sommerstunden« verweilen durfte, von dem sie aber noch in ihrer Sterbestunde träumen wird.

Theodor Storm (1817–1888) führt uns in den Gedichten *Über die Heide, Abseits* und *Meeresstrand* seine Heimat Schleswig-Holstein überaus anschaulich vor Augen. Besonders eindrucksvoll schildert er seine Geburtsstadt Husum, die »graue Stadt am grauen Meer«, an der jedoch – ungeachtet der herbstliche Monotonie und des fehlenden Waldes mit dem Gesang der Vögel – sein ganzes Herz hängt. Hier folgt sein Gedicht **Die Stadt** in voller Länge – ein Musterbeispiel echter, unverfälschter Heimatdichtung, die sich wohltuend abhebt von vielen in Millionenauflagen verbreiteten so genannten »Heimatromanen« mit der in ihnen häufig zutage tretenden schwärmerischen Gefühlsduselei:

Die Stadt

Am grauen Strand, am grauen Meer,
und seitab liegt die Stadt.
Der Nebel drückt die Dächer schwer
und durch die Stille braust das Meer
eintönig um die Stadt.

Es rauscht kein Wald; es schlägt im Mai
kein Vogel ohn' Unterlass.
Die Wandergans mit hartem Schrei
nur fliegt in Herbstesnacht vorbei.
Am Strande weht das Gras.

Doch hängt mein ganzes Herz an dir,
du graue Stadt am Meer!
Der Jugend Zauber, für und für,
ruht lächelnd doch auf dir, auf dir,
du graue Stadt am Meer.

Abschließend sei noch kurz an *Erich Kästner (1899–1974)* erinnert, dessen Werke am 10. Mai 1933 bei der Bücherverbrennung auf dem Opernplatz in Berlin von SA-Leuten ins Feuer geworfen wurden und der während der Nazizeit immer wieder gefragt wurde, warum er denn nicht, wie viele seiner Kollegen, Deutschland verlassen und ins Ausland emigrieren wolle. Er antwortete in Versform mit einem seiner zahlreichen Epigramme, heute nachzulesen in dem Sammelband *Kurz und bündig*:

> **Ich bin ein Deutscher aus Dresden in Sachsen,**
> **mich lässt die Heimat nicht fort,**
> **ich bin wie ein Baum, der – in Deutschland gewachsen –**
> **wenn's sein muss, in Deutschland vedorrt.**

Erich Kästner starb, 75 Jahre alt, am 29.Juli 1974 in München. Die Heimat hatte ihn nicht fortgelassen.

PRISMA Nr. 27 (Januar bis April 2005)

Schwerpunkt-Thema »Mensch und Tier«

Der Panther und die Affen
Zwei Gedichte zum Thema »Mensch und Tier«

Anfang des vorigen Jahrhunderts verbrachte der deutsche Dichter *Rainer Maria Rilke (1875–1926)* längere Zeit in Paris. Von großer Bedeutung für sein weiteres Schaffen war die Begegnung mit dem Bildhauer *Auguste Rodin*. Rilke widmete ihm eine lesenswerte Monografie und war acht Monate sein Privatsekretär. Rodin seinerseits schärfte vor allem des Dichters Blick für die realen Dinge dieser Welt. Von einer kleinen Tiger-Statue auf dem Schreibtisch des Bildhauers war Rilke vom ersten Augenblick an fasziniert.

Im November des Jahres 1902 besuchte der Dichter den Botanischen Garten Jardin des Plantes, in dem sich auch ein kleines Raubtiergehege befand. Mehrere Stunden lang beobachtete er aufmerksam und konzentriert einen Panther hinter den Gitterstäben seines engen Käfigs. Nach der Rückkehr ins Hotel schrieb er sich in knappen zwölf Zeilen von der Seele, was ihn beim Anblick des gefangenen Tieres im Innersten bewegt hatte. So entstand das Gedicht *Der Panther*, das viele für das schönste deutsche Tiergedicht halten.

Aber Vorsicht! Die sprachliche Vollendung des Gedichts steht in krassem Widerspruch zum traurigen Schicksal des seiner ursprünglichen Freiheit beraubten Panthers. Die Perfektion der Darstellung lenkt allzu leicht ab vom Thema, das dem Autor eigentlich am Herzen liegt: die Schilderung einer unsäglichen Tierquälerei, die auch heute noch in vielen zoologischen Gärten in aller Welt andauert. Großzügig angelegte Freigehege wie etwa in Berlin und München, in denen Wildtiere nicht hinter Gittern eingezwängt trostlos dahindämmern müssen, sind bisher leider noch die Ausnahme.

Der Panther

Im Jardin des Plantes, Paris

Sein Blick ist vom Vorübergehn der Stäbe
so müd geworden, dass er nichts mehr hält.
Ihm ist, als ob es tausend Stäbe gäbe
und hinter tausend Stäben keine Welt.

Der weiche Gang geschmeidig starker Schritte,
der sich im allerkleinsten Kreise dreht,
ist wie ein Tanz von Kraft um eine Mitte,
in der betäubt ein großer Wille steht.

Nur manchmal schiebt der Vorhang der Pupille
sich lautlos auf. – Dann geht ein Bild hinein,
geht durch der Glieder angespannte Stille –
und hört im Herzen auf zu sein.

Beim Durchblättern eines Lyrik-Bandes des in Kassel geborenen, aber lange Zeit in Worpswede und Bremen ansässigen Dichters **Manfred Hausmann (1898–1986)** fand ich kürzlich auch eine Anzahl von Tiergedichten. Eines von ihnen trägt den Titel **Affen**. Es besteht aus insgesamt 24 Zeilen, von denen sich allerdings keine einzige mit einer anderen reimt (was bei Gedichten ja auch nicht unbedingt notwendig ist, wie uns nicht zuletzt moderne Lyriker und Lyrikerinnen stets aufs Neue beweisen).

Manfred Hausmann schildert in seinem Gedicht eine Szene, wie sie heute Gott sei Dank nicht mehr zu den alltäglichen gehört, früher aber auf Jahrmärkten und Rummelplätzen durchaus große Begeisterung beim Publikum hervorrief. Schon stets waren Affen, wo immer man sie antraf, durch ihre Behändigkeit, durch unvorhergesehene Aktivitäten und beigebrachte Kunststücke eine besondere Attraktion für Groß und Klein. Da sie, ob im Zirkus, im Tierpark oder eben auf dem Jahrmarkt, in der Regel einen durchaus munteren Eindruck machen, vergessen die Besucher allzu oft, dass diese Tiere ungewollt ihre Freiheit einbüßen mussten, um uns bis an ihr Lebensende zur Unterhaltung und zur Belustigung zu dienen.

Erst in den letzten drei Strophen des Gedichts erfahren wir die bittere Wahrheit hinter den Kulissen des scheinbar so ausgelassenen Treibens: Der junge Affe ängstigt sich vor den Leuten und sucht Schutz bei der Mutter. Diese wiederum blickt dem dritten Affen in die Augen, und beide denken, »krank vor Heimweh«, zurück an ihr unbeschwertes Dasein in den »schwankenden Bananenwäldern« ...

Es ist zu hoffen, dass sich in unserer künftigen Einstellung zu den Affen im Allgemeinen menschlicher Forscherdrang mit einem tiefen Gefühl der Ehrfurcht vor unseren nächsten Verwandten unter den Säugetieren vereint, so wie es uns die Engländerin *Jane Goodall*, die wohl populärste Primatenforscherin der Welt und offizielle Friedensbotschafterin der Vereinten Nationen, in beispielhafter Weise vorlebt.

Affen

Schüsse, Orgelklang, Gelächter,
hüpfendes Geklirr von Ketten.
uf dem Marktplatz lässt ein Gaukler
Affen auf dem Kasten tanzen.

Sie bewegen ihre Glieder,
wie im Winde Schleier wehen,
eich und lautlos und wie schlafend –
drei bekümmerte Gespenster.

Können gehen, können geigen,
Seiltanz üben, Bälle schleudern,
können kleine Flinten lösen
und das Tamburin erschüttern.

Und die Mutter legt das Kleine,
das sich vor den Leuten ängstigt,
mit dem Kopf an ihre Brüste,
und die Leute lachen heimlich.

Und die Mutter sieht dem andern,
der ihr Freund war in den schwülen,
schwankenden Bananenwäldern,
sieht dem andern in die Augen.

Und er öffnet, krank vor Heimweh,
seine dünnen Affenlippen,
schlägt, mit seinen Ketten klirrend,
auf das Tamburin und dreht sich.

PRISMA Nr. 28 (Mai bis August 2005)

Leserbrief

Herzlich danke ich Ihnen für die Zusendung der neuen Ausgabe von PRISMA.

Das Thema »Recht und Schutz der Tiere« ist mir aus der Seele gesprochen. Mit Ihren Autoren sehe auch ich, dass sich die moderne Verwertungs- und Konsumgesellschaft in grauenvoller Weise an den Tieren versündigt. Wie Tiere in den Käfigen, in den Mastbetrieben und auf den Transporten zur Ware ohne Seele erniedrigt und oft grausam gequält werden, gehört zu den ganz finsteren Kapiteln der Menschheitsgeschichte. Gerade als Christ muss ich dafür eintreten, dass Tiere Teil der guten Schöpfung Gottes sind und auch so behandelt werden sollten. Deshalb begrüße ich es, dass Sie das zum Thema gemacht und auch konkret gezeigt haben, wo und wie wir alle dazu beitragen können, dass Tiere den ihnen gebührenden Lebensraum bekommen und dass die ihnen zukommende Würde gewahrt wird.

Das Gedicht »Affen« zählt zu den weniger bekannten. Sie haben das Gedicht wunderbar auf das Thema Ihres Heftes bezogen. In der Tat, das Leiden der verschleppten und dem Vergnügen der Menschen anheim gegebenen Kreatur wird hier ergreifend ausgesagt. Wer dieses Gedicht in sich aufnimmt, ebenso wie das von Rilke, wird nicht mehr in der Lage sein, den scheinbaren Possen der Tiere unbefangen zuzuschauen. Sie haben es verstanden, beide Gedichte zutreffend als Plädoyer für die misshandelten Geschöpfe Gottes einzusetzen. Das ist notwendig und hilfreich. Vielen Dank!

Martin Hausmann, Bremen

PRISMA Nr. 29 (September bis Dezember 2005)

Am Hang die Heidekräuter blühn

Betrachtungen zu zwei Herbstgedichten von Hermann Hesse

Ursprünglich hatten wir die Absicht, anlässlich des 140-jährigen Bestehens der Deutschen Gesellschaft zur Rettung Schiffbrüchiger unseren Leserinnen und Lesern an dieser Stelle das Gedicht *Nis Randers* von *Otto Ernst* vorzustellen. Da wir jedoch bereits in PRISMA Nr. 10 (Oktober bis Dezember 1999) einige Anmerkungen zu dieser »Seenot-Ballade« und eine ausführliche Würdigung des Dichters sowie auch Informationen über den Seenot-Rettungskreuzer »Nis Randers« der DGzRS brachten, lesen Sie in dieser Ausgabe statt dessen einige Betrachtungen zu zwei Gedichten von *Hermann Hesse*.

Hermann Hesse (1877–1962), dessen 125. Geburtstag am 22. Juli 2002 von Menschen in aller Welt gefeiert wurde, schrieb im Laufe seines langen Lebens weit über 1.000 (!) Gedichte. Zwei seiner bekanntesten haben wir Ihnen im Jahre 2003 vorgestellt: In PRISMA Nr. 21 konnten Sie eine Interpretation seines Gedichts *Stufen* lesen, das in einer Sammlung von 100 »Lieblingsgedichten der Deutschen« an erster Stelle steht; und in Nr. 23 ging es um eine Gegenüberstellung seiner beklemmenden Verse *Im Nebel* mit dem tröstliche Zuversicht ausstrahlenden Gedicht *Der alte Brunnen* von *Hans Carossa*.

Heute möchten wir Ihre Aufmerksamkeit auf zwei weniger bekannte Gedichte lenken, die gleichwohl den zuvor genannten nahezu ebenbürtig zur Seite stehen. Sie sind nachzulesen in dem Insel-Taschenbuch *Mit der Reife wird man immer jünger* aus dem Suhrkamp-Verlag in Frankfurt am Main, das Gedichte und Prosatexte von Hermann Hesse über das Älterwerden, das Alter und den Tod enthält. Das erste Gedicht trägt den Titel **Verfrühter Herbst** und beginnt mit einer anschaulichen Schilderung der spätsommerlichen Natur, die sich – wohl oder übel – auf den alljährlich wiederkehrenden Herbst einstellen muss. Aber schon in der zweiten Strophe wird der »Verfrühte Herbst« zum Sinnbild allgemeiner Vergänglichkeit: Was wir »heute in der Hand zu halten meinen«, ist immer nur von kurzer Dauer. Und in der dritten Strophe zieht der Dichter dann vollends eine Parallele zwischen dem Herbst in der Natur mit dem »Welken der Bäume« einerseits und dem Leben des Menschen andererseits – verbunden mit der Aufforderung an die »erschreckte Seele«, sich nicht allzu sehr im sommerlichen Diesseits häuslich einzurichten, sondern wie ein Baum, die Vergänglichkeit tapfer bejahend, das Fest des Herbstes zu erleben.

Verfrühter Herbst

Schon riecht es scharf nach angewelkten Blättern,
Kornfelder stehen leer und ohne Blick;
wir wissen: Eines von den nächsten Wettern
bricht unser'm müden Sommer das Genick.

Die Ginsterschoten knistern. Plötzlich wird
uns all das fern und sagenhaft erscheinen,
was heut' wir in der Hand zu halten meinen,
und jede Blume wunderbar verirrt.

Bang wächst ein Wunsch in der erschreckten Seele:
Dass sie nicht allzu sehr am Dasein klebe,
dass sie das Welken wie ein Baum erlebe,
dass Fest und Farbe ihrem Herbst nicht fehle.

Auch das zweite Gedicht *Rückgedenken* hebt an mit einem Lobpreis auf die Schönheiten der Natur: Heidekraut und Ginster stehen in Blüte, die Amsel singt, der Kuckuck ruft, und der Vollmond taucht an einem lauen Sommerabend den Wald in ein sanftes Licht. Aber wie schnell liegen alle schönen Eindrücke und Erlebnisse hinter uns – wie unsagbar schnell »ist alles schon zerstoben«! Und wieder wendet sich der Dichter unvermittelt dem Schicksal des Menschen zu, von dem schon das Alte Testament zu berichten weiß, dass »er blüht wie eine Blume auf dem Felde; wenn der Wind darüber geht, so ist sie nimmer da, und ihre Stätte kennt sie nicht mehr«. Doch in der letzten Strophe ermuntert uns der Dichter, das uns vorbestimmte Los freudig anzunehmen und in »Gottes großem Garten« nicht nur gern zu *blühen*, sondern auch gern zu *verblühen*.

Rückgedenken

Am Hang die Heidekräuter blüh'n,
der Ginster starrt in braunen Besen.
Wer weiß heut' noch, wie flaumiggrün
der Wald im Mai gewesen?

Wer weiß heute noch, wie Amselsang
Und Kuckucksruf einmal geklungen?
Schon ist, was so bezaubernd klang,
vergessen und versungen.

Im Wald das Sommerabendfest,
der Vollmond über'm Berge droben –
wer schrieb sie auf, wer hielt sie fest?
Ist alles schon zerstoben.

Und bald wird auch von dir und mir
kein Mensch mehr wissen und erzählen;
Es wohnen and´re Leute hier,
wir werden keinem fehlen.

Wir wollen auf den Abendstern
Und auf die ersten Nebel warten.
Wir blühen und verblühen gern
in Gottes großem Garten.

PRISMA Nr. 30 (Januar bis April 2006)

Anfang und Ende aller Lyrik

Anmerkungen
zu einem Liebesgedicht aus dem 12. Jahrhundert

In den bisherigen PRISMA-Ausgaben, die jeweils zu Beginn des Monats Mai erschienen, haben wie Ihnen eine Reihe bekannter Frühlingsgedichte vorgestellt. Deren Autoren waren u.a. *Eduard Mörike, Ludwig Hölty, Heinrich Heine, Theodor Fontane, Ludwig Uhland* und *Erich Kästner*. In vielen Frühlingsgedichten kommt nicht nur die Freude an den Schönheiten der wieder erwachenden Natur zum Ausdruck, sondern es ist in ihnen auch von der *Liebe* die Rede; denn Frühling und Liebe gehören für die meisten Menschen seit alters her zusammen. Wer von uns wurde nicht im »Wonnemonat Mai« schon einmal von einem derartigen Glücksgefühl überwältigt? (Heinrich Heine hat diesen seligen Zustand – sicher auf Grund eigenen Erlebens – in seinem Gedicht *Im wunderschönen Monat Mai* in knappen Worten treffend beschrieben.)

In unserem heutigen Gedicht spielt der Frühling jedoch keine Rolle – zumindest wird er nicht erwähnt. Es ist ein »reines Liebesgedicht«: Zwei Menschen sind in Liebe vereint – jetzt und für alle Zeiten. Das ist die Botschaft – nicht mehr und nicht weniger. Hier folgt zunächst das Gedicht in seiner mittelhochdeutschen Originalfassung:

Du bist min

Du bist min, ich bin din,
des solt du gewis sin.
Du bist beslozzen
In minem herzen:
Verlorn ist daz slüzzelin,
du muost immer drinne sin.

Diese innigen Verse aus der Mitte des 12. Jahrhunderts gelten als *das älteste deutsche Liebesgedicht*. Wir wissen nicht, wer es geschrieben hat. Nach dem heutigen Stand der Forschung geht man davon aus, dass es eine Frau (oder ein Mädchen) war. Auf keinen Fall stammt es von *Walther von der Vogelweide*, wie viele immer noch glauben. In dem Buch *Gedichte fürs*

Gedächtnis, einer Sammlung von 122 Gedichten mit Interpretationen von *Ulla Hahn*, steht **Du bist min** ganz am Anfang. Ulla Hahn ist schlichtweg begeistert: »... Kein Wort, keine Silbe zuviel. Eine strenge Komposition für Auge und Ohr ... Bild und Klang sind von dem, was die Worte sagen, nicht zu lösen. Hier beginnt Dichtung. Hier vollendet sie sich.«

Auch in dem Band *Frauen dichten anders* aus dem Insel-Verlag, das insgesamt 181 Gedichte von Dichterinnen mit Interpretationen verschiedener Autoren und Autorinnen enthält, steht *Du bist min* an erster Stelle. Der Interpret *Peter Wapnewski* ist davon überzeugt, dass diese Verse mit dem anrührenden Bild vom Herzens-Schlüssel nur »aus weiblicher Sicht und weiblich sich offenbarendem Gefühl« geschrieben werden konnten. Für ihn ist das Gedicht »Anfang und Ende aller Lyrik«.

Schließlich sei noch erwähnt die Sammlung der »100 beliebtesten deutschen Liebesgedichte vom Mittelalter bis zur Moderne«, herausgegeben von *Dirk Ippen* unter dem Titel »*Jeder Atemzug für dich*«. Dirk Ippen hat in den bekanntesten Lyrik-Anthologien der letzten 50 Jahre nach Liebesgedichten Ausschau gehalten und die 100 am häufigsten gedruckten zusammengestellt. In seinem Buch findet man allerdings zu Beginn erst einmal das weniger bekannte Gedicht *Die Beiden* von *Hugo on Hofmannsthal*. Unmittelbar darauf folgt dann aber doch *Du bist min* – vor den übrigen 98. Und für alle, die eventuell Probleme mit der Übersetzung des Mittelhochdeutschen in unsere heutige Umgangssprache haben sollten, fügt der Herausgeber noch eine Übertragung ins Hochdeutsche von *Max Wehrli* hinzu, mit der wir unsere Betrachtung beschließen wollen. (Ich persönlich muss indessen gestehen, dass mir die mittelhochdeutsche Originalfassung weitaus besser gefällt!)

Du bist mein

Du bist mein, ich bin dein,
dessen sollst du gewiss sein.
Du bist verschlossen
In meinem Herzen:
Verloren ist das Schlüsselein,
du musst für immer drinnen sein.

Ich weiß nicht, was soll es bedeuten

Heinrich Heine und »Die Loreley«

Am 17. Februar 1856 starb **Heinrich Heine** in seiner »Matratzengruft« in Paris nach fast achtjährigem Krankenlager im Alter von knapp 58 Jahren. Heine-Verehrer in aller Welt gedachten in diesem Jahr an seinem 150. Todestag in mannigfacher Weise des großen Dichters, dessen 1827 erstmals gedrucktes *Buch der Lieder* mit Hunderten von Gedichten noch zu seinen Lebzeiten 13 Auflagen ereichte und seinen Weltruhm als Lyriker begründete.

Man darf wohl davon ausgehen, dass *Heine*, als er sich für den Titel »Buch der L i e d e r « entschied, fest davon überzeugt war, dass sich nicht wenige der in dieser Sammlung enthaltenen Gedichte besonders gut für eine Vertonung eignen würden. Seine Erwartungen wurden im Laufe der Jahre in schier unvorstellbarer Weise übertroffen: Bis heute gibt es an die 10.000 (!) Kompositionen von Gedichten aus dem *Buch der Lieder*. Zu den Komponisten gehören u.a. *Franz Schubert, Robert Schumann, Felix Mendelssohn-Bartholdy, Johannes Brahms, Richard Wagner, Hugo Wolf* und *Anton Bruckner*.

Als Heines bekanntestes Gedicht gilt zweifellos die 1824 niedergeschriebene Ballade über die sagenhafte Gestalt der **Loreley** aus dem zweiten Teil des Zyklus *Die Heimkehr*. Das Gedicht wurde von *Friedrich Silcher* im Jahre 1837 einfühlsam vertont und steht in einem 2001 erschienenen Buch mit den *100 beliebtesten deutschen Gedichten* immerhin an 47. Stelle. Sogar während des »Dritten Reiches«, nachdem die SA-Leute am 10. Mai 1933 bei der Bücherverbrennung auf dem Opernplatz in Berlin auch Heines Werke in die lodernden Flammen geworfen hatten, fand man Text und Melodie der *Loreley* nach wie vor in deutschen Lese- und Liederbüchern, allerdings mit dem Vermerk »Volkslied« bzw. »Verfasser unbekannt«. Und wie Heines zu Herzen gehende Verse während dieser Zeit auch andernorts ermutigend und tröstend weiter wirkten, erfahren wir durch die Aufzeichnungen eines zeitgenössischen spanischen Schriftstellers: *Jorge Semprún*, einer der wenigen Überlebenden aus dem Konzentrationslager Buchenwald, berichtet in seinem 1994 in deutscher Übersetzung erschienenen

Buch *Schreiben und Leben*, dass das gemeinsame Rezitieren und Singen von Heines *Loreley* unter den Gefangenen im KZ »immer wieder eine unsagbare Fröhlichkeit auslöste« ...

Lassen Sie nun, liebe Leserin, lieber Leser, Heines Gedicht, das man am besten l a u t liest, auf sich wirken; und falls Sie es bisher noch nicht auswendig gelernt haben sollten – vielleicht ergreifen Sie hier und jetzt die Gelegenheit?

Die Loreley

Ich weiß nicht, was soll es bedeuten,
dass ich so traurig bin:
Ein Märchen aus alten Zeiten,
das kommt mir nicht aus dem Sinn.

Die Luft ist kühl, und es dunkelt,
und ruhig fließt der Rhein;
der Gipfel des Berges funkelt
im Abendsonnenschein.

Die schönste Jungfrau sitzet
dort oben wunderbar;
ihr gold'nes Geschmeide blitzet,
sie kämmt ihr goldenes Haar.

Sie kämmt es mit goldenem Kamme
und singt ein Lied dabei;
das hat eine wundersame,
gewaltige Melodei.

Den Schiffer im kleinen Schiffe
ergreift es mit wildem Weh;
er schaut nicht die Felsenriffe –
er schaut nur hinauf in die Höh'.

Ich glaube, die Wellen verschlingen
am Ende Schiffer und Kahn!
Und das hat mit ihrem Singen
die Loreley getan.

PRISMA Nr. 32 (September bis Dezember 2006)

Schwerpunkt-Thema »Spielen«

Der Mensch ist nur da ganz Mensch, wo er spielt!
Über drei Kindergedichte von Joachim Ringelnatz

Die Briefe *Über ästhetische Erziehung*, die *Friedrich Schiller* in den Jahren 1793 bis 1795 niederschrieb, enthalten einen Satz, den man auf den ersten Blick keineswegs mit unserem großen, extrem fleißigen und beispiellos produktiven Balladen- und Dramendichter in Verbindung bringen würde:

Der Mensch ist nur da ganz Mensch, wo er spielt.

Und Schiller hat dabei wohl kaum an Brett-, Karten- oder Glücksspiele gedacht, sondern vermutlich eher an das Spiel in seiner ursprünglichen Bedeutung als »freie Beschäftigung des Geistes oder Körpers ohne ernsten Zweck«. (So nachzulesen im Brockhaus Konversations-Lexikon aus dem Jahre 1908.)

Diese Art von Spiel »ohne ernsten Zweck« ist uns Erwachsenen leider weitgehend abhanden gekommen. Bei den meisten Erwachsenenspielen geht es ja in erster Linie darum, zu gewinnen, den oder die Mitspieler zu besiegen oder möglichst viel Geld abzukassieren. Kinder jedoch spielen, wenn sie sich selbst überlassen bleiben und von den Erwachsenen nicht zur Gewinnsucht oder zum Sieg um jeden Preis verleitet werden, in der Regel eben »ohne ernsten Zweck«. Und wahrscheinlich hat *Erich Kästner* in seiner fiktiven Ansprache zu Schulbeginn (er wollte ja ursprünglich Lehrer werden) nicht zuletzt an dieses – im besten Sinne des Wortes – kindliche Spielen gedacht, als er den vor ihm sitzenden imaginären Schulanfängern folgende Richtschnur für ihr künftiges Leben mit auf den Weg gab:

Nur wer erwachsen wird und Kind bleibt, ist ein Mensch.

Auch der 1883 geborene *Hans Bötticher*, der sich ab 1919 **Joachim Ringelnatz** nannte und bereits 1934 im Alter von knapp 51 Jahren starb, bewahrte sich Zeit seines Lebens ein »kindliches Gemüt«. Als seine kleine Tochter einmal unentwegt am Daumen lutschte und von der Mutter zu hören bekam: »Wenn der Weihnachtsmann das sieht – was glaubst du, was der macht?«, antwortete der Papa schlagfertig: »Was der macht? Der lutscht mit!« Wann immer Kinder in Bedrängnis waren, stand Ringelnatz einfühlend und hilfsbereit an ihrer Seite. Seine eigene Tochter wollte ihn später sogar heiraten!

Dass Ringelnatz Kinder mit ihrem angeborenen Spieldrang und ihrer unbekümmerten Freude am Spielen liebte und sie seinerseits immer wieder zum Spielen »ohne ernsten Zweck« ermunterte, kommt auch in einigen seiner Gedichte zum Ausdruck. Drei davon wollen wir Ihnen, liebe Leserin, lieber Leser, abschließend vorstellen – obwohl sie in einer Zeit, da unsere »Kids« mit Handys, Game Boys und Computerspielen groß werden, möglicherweise ein wenig nostalgisch und antiquiert anmuten. Aber ich denke, wir können in dieser Hinsicht den Worten unseres ersten Bundespräsidenten *Theodor Heuss* beipflichten, der sich über Joachim Ringelnatz und seine Gedichte einmal folgendermaßen äußerte: »... Die besten seiner Verse sollte man still und schlicht für sich lesen; und dann schenken sie einem vielleicht etwas sehr Altmodisches: Poesie.«

Kindersand

Das Schönste für Kinder ist Sand.
Ihn gibt's immer reichlich.
Er rinnt unvergleichlich
zärtlich durch die Hand.

Weil man seine Nase behält,
wenn man auf ihn fällt,
ist er so weich.
Kinderfinger fühlen,
wenn sie in ihm wühlen,
nichts und das Himmelreich.

Denn kein Kind lacht
über gemahlene Macht.

Kind, spiele!

Kind, spiele!
Spiele Kutscher und Pferd! –
Trommle! – Bau dir viele
Häuser und Automobile!
Spiele Theater: »Dornröschen«
und »Kasperl mit Schutzmann und Krokodil«!

Ob du Bleisoldaten
stellst in die fürchterliche Schlacht,
ob du mit Hacke und Spaten
als Bergmann Gold suchst im Garten im Schacht,
ob du auf eine Scheibe
mit dem Flitzbogen zielst –

spiele! – Doch immer bleibe
freundlich zu allem, womit du spielst.
Weil alles (auch tote Gegenstände)
dein Herz mehr ansieht als deine Hände
und weil alle Menschen (auch du, mein Kind)
Spielzeug des lieben Gottes sind.

Die sonnige Kinderstraße

Meine frühe Kindheit hat
auf sonniger Straße getollt;
hat nur ein Steinchen, ein Blatt
zum Glücklichsein gewollt. –

Jahre verschwelgten. Ich suche matt
jene sonnige Straße heut',
wieder zu lernen, wie man am Blatt,
wie man am Steinchen sich freut.

PRISMA Nr. 33 (Januar bis Mai 2007)

Schwerpunkt-Thema »Spenden«

Spenden aus der Fülle des Vorhandenen
Gedanken zu zwei Gedichten von Bertolt Brecht

Es klingt unglaublich, aber es stimmt tatsächlich: **Bertolt Brecht (1898–1956)**, dessen Todestag sich am 14. August 2006 zum 50. Mal jährte, schrieb in seinem relativ kurzen Leben weit über 2.000 (!) Gedichte. Unter ihnen befinden sich – um wenigstens ein paar der bekannteren zu nennen – die heiter-melancholische *Erinnerung an die Marie A.*, das Weihnachtsgedicht *Die gute Nacht*, die makabre *Legende vom toten Soldaten* sowie Brechts aufrüttelnder Appell *An die Nachgeborenen*. Die meisten seiner Verehrer sehen in Bertolt Brecht jedoch vor allem den Schöpfer berühmter Theaterstücke – über 50 an der Zahl, allen voran natürlich die *Dreigroschenoper* und *Mutter Courage und ihre Kinder*. *Marcel Reich-Ranicki* indessen, der im Jahr 2002 eine Sammlung von 66 Brecht-Gedichten mit Interpretationen verschiedener Autoren unter dem Titel *Der Mond über Soho* herausgab, wagt in seinem Vorwort die Prophezeiung: »Bleiben wird von Brecht vornehmlich die Lyrik.«

Wer jedoch die Absicht hat, sich eingehend mit Brechts Lyrik zu befassen, braucht ein überdurchschnittliches Maß an Geduld und Ausdauer. Zwar ähneln viele seiner Gedichte in ihrer äußeren Form denen unserer bekannten großen Lyriker aus den Zeiten der Klassik und der Romantik: Sie reimen sich jeweils an den Zeilenenden und erfreuen so das Auge des Lesers und das Ohr des Hörers. Aber daneben gibt es eine zweite umfangreiche Gruppe von Gedichten ohne einen einzigen Reim und zum Teil auch ohne sofort erkennbaren sprachlichen Rhythmus. Brecht verteidigt diese Art von Gedichten in seiner 1939 geschriebenen Abhandlung »*Über reimlose Lyrik mit unregelmäßigen Rhythmen*«.

Die beiden Gedichte, die wir Ihnen heute vorstellen möchten, gehören in diese Gruppe. Das erste **Vom Sprengen des Gartens** verfasste *Brecht* während seiner Emigration im Jahre 1943 in Santa Monica unter der heißen Sonne Kaliforniens. Es beschreibt einen Vorgang, der jedem von uns hinlänglich bekannt sein dürfte: Im Hochsommer, vor allem während einer lange anhaltenden Trockenheit, lechzen Bäume und Sträucher, Blumen und

Kräuter nach Wasser. Der Mensch, dem Gottes Schöpfung zur Nutzbarma-chung und zur Bewahrung anvertraut wurde, spendet der durstenden Natur das lebensnotwendige Nass aus der Fülle der ihm zur Verfügung stehenden Vorräte aus Brunnen, Zisterne oder Wasserleitung. Und der Dichter er-mahnt den Gärtner, nicht nur die Obstbäume, die Gemüsepflanzen und den Rasen zu gießen oder zu sprengen, sondern auch das »Unkraut« – oder, wie wir heute lieber sagen, die »Wildkräuter« – nicht zu vergessen. Ja, selbst die nackte Erde, auf der, oberflächlich betrachtet, nichts wächst und ge-deiht, soll er aus dem Gartenschlauch oder der Gießkanne erfrischen.

In seiner äußeren Gestalt erinnert das Gedicht entfernt an bestimmte Oden von *Hölderlin* oder *Klopstock*. Hier zeigt sich Brecht als ein wahrer Meister der Sprache. Vermitteln aber will er uns in diesem kurzen Text (bei dem es sich im Grunde, wie bei vielen seiner Gedichte, um eine Art Gleich-nis handelt), dass es in ihm um mehr geht als um das simple Sprengen eines Gartens. Seine zwar verschlüsselte, aber unschwer erkennbare Botschaft lautet: Der Mensch, der im Überfluss lebt, wird aufgefordert, Bedürftigen von seinem Überfluss vorbehaltlos zu spenden. Seine Spendenbereitschaft erhält den Spendenempfänger möglicherweise buchstäblich am Leben.

Vom Sprengen des Gartens

O Sprengen des Gartens, das Grün zu ermutigen!
Wässern der durstigen Bäume! Gib mehr als genug! Und
vergiss nicht das Strauchwerk, auch
das beerenlose nicht, das ermattete
geizige! Und übersieh mir nicht
zwischen den Bäumen das Unkraut, das auch
Durst hat. Noch gieße nur
den frischen Rasen, oder den versengten nur:
Auch den nackten Boden erfrische du!

Auch im zweiten Gedicht **Der Kirschdieb** vertritt Brecht dasselbe An-liegen und schlüpft dabei sogar selbst in die Rolle des freigebigen Spenders. Er, der vermutlich wohlhabende Gartenbesitzer, gönnt dem »jungen Mann mit geflickter Hose«, der in der Morgendämmerung in aller Seelenruhe sei-nen Kirschbaum plündert, großzügig die gestohlenen Früchte, mit denen er sich die Taschen füllt. Der dreiste Dieb nickt dem Gartenbesitzer – offen-sichtlich ohne jegliche Gewissensbisse – freundlich zu, und dieser ist weder wütend über die Störung seines morgendlichen Schlafes noch ärgert er sich über die Unverfrorenheit des lustig pfeifenden Jünglings. Ihm bleiben noch genügend Kirschen, auch nachdem der Dieb mit vollen Taschen das Weite gesucht hat.

Der Besitzer hat dem Bedürftigen von seinem Überfluss gespendet, und beide zeigen sich am Ende heiter und zufrieden – der reiche Spender in der Gewissheit, etwas Gutes getan zu haben (auch wenn es sich dabei im Grunde ja gar nicht um ein Tun, sondern lediglich um ein wohlwollend-stillschweigendes Gewähren-Lassen handelt) und der arme Empfänger in dem Glauben, durch sein unbekümmert praktiziertes Kirschenpflücken dem Spender zu einem Akt mitmenschlichen Verhaltens verholfen zu haben.

Der Kirschdieb

An einem frühen Morgen, lange vor Hahnenschrei,
wurde ich geweckt durch ein Pfeifen und ging zum Fenster.
Auf meinem Kirschbaum – Dämmerung füllte den Garten –
saß ein junger Mann mit geflickter Hose
und pflückte lustig meine Kirschen. Mich sehend
nickte er mir zu, mit beiden Händen
holte er die Kirschen von den Zweigen in seine Taschen.
Noch eine ganze Zeit lang, als ich lange wieder in meiner Bettstatt lag,
hörte ich ihn sein lustiges kleines Lied pfeifen.

Das Thema »Spenden« kommt übrigens auch noch in anderen Gedichten von Bertolt Brecht zur Sprache: Da bitten zum Beispiel Sperling, Buntspecht und Amsel, die »im Winter vor dem Fenster warten«, den Menschen *um eine kleine Spende* (als Dank für ihre Tätigkeit zum Wohle des Menschen während des Sommers), und das Gedicht **Vom Glück des Gebens** beginnt mit den Zeilen:

Höchstes Glück ist doch, zu spenden
denen, die es schwerer haben
und beschwingt, mit frohen Händen
auszustreu'n die schönen Gaben ...

PRISMA Nr. 34 (Juni bis September 2007)

Schwerpunkt-Thema »Glaube und Religion«

Herr, lass mich hungern dann und wann!
Anmerkungen zu einigen Gedichten zum Thema »Beten«

Das mehr als 550 Seiten umfassende Nachschlagewerk *Von wem ist das Gedicht?* von *Anneliese Dühmert* enthält Hinweise auf nicht weniger als 18 (!) deutschsprachige Gedichte, deren Überschriften lediglich aus dem Wort »Gebet« bestehen (neben 22 weiteren zur gleichen Thematik, aber mit anders lautenden Überschriften wie Abendgebet, Nachtgebet, Frühlingsgebet, Gebet einer Witwe, Gebet eines Atheisten oder Gebet zwischen blühenden Kastanien). Unter den Autoren finden sich so bekannte Namen wie *Achim von Arnim, Emanuel Geibel, Friedrich Hebbel, Eduard Mörike, Agnes Miegel* und *Else Lasker-Schüler.* Eines dieser Gedichte von **Gustav Falke (1853–1916)** beginnt mit der auf den ersten Blick ein wenig seltsam anmutenden Bitte (obwohl den meisten von uns die heilsamen Auswirkungen gelegentlichen Fastens bekannt sein dürften): »***Herr, lass mich hungern dann und wann ...***« Gleich in der nächsten Zeile folgt dann aber die einleuchtende Begründung: »*... Satt sein macht faul und träge.*« Abschließend bittet der Dichter – was man noch mühelos nachempfinden kann – »um leichten Fuß zu Spiel und Tanz« sowie – jetzt allerdings ist in hohem Maße die Fantasie des Leser gefordert! – um »Flugkraft in goldene Ferne« und darum, »den vollen Kranz höher in die Sterne zu hängen«.

Eduard Mörike (1804–1875) nimmt zu Beginn seines Gedichtes **Gebet** zunächst »vergnügt und dankbar« an, was Gott ihm zugedacht hat – sei es Glück oder Unglück. Am Ende der letzten Strophe bittet er dann aber doch den Allmächtigen vorsichtshalber um gewisse Einschränkungen:

> **... Wollest mit Freuden,**
> **wollest mit Leiden**
> **mich nicht überschütten!**
> **Doch in der Mitten**
> **liegt holdes Bescheiden.**

Christian Fürchtegott Gellert (1715–1769) drückt in einem 13-strophigen **Allgemeinen Gebet** in seiner Sammlung *Geistliche Oden und Lieder* ähnliche Gedanken mit folgenden Worten aus:

> ... Schenkt deine Hand mir Überfluss,
> so lass mich mäßig im Genuss
> und, dürft'ge Brüder zu erfreu'n,
> mich einen frohen Geber sein ...

Johann Gottfried Seume (1763–1810), Verfasser des Reiseberichts *Spaziergang nach Syrakus*, fühlt sich gegenüber Gott, »dem Allmächtigen, Schöpfer Himmels und der Erden«, als sein Geschöpf so klein und unbedeutend, dass er es in seinem Gebet kaum wagt, überhaupt einen Wunsch zu äußern. Zum Schluss ringt er sich dann aber doch noch zu einer – wenn auch äußerst bescheidenen – Bitte durch:

> »... Gib mir die Kraft, stets gut zu sein!«

Achim von Arnim (1781–1831) dagegen präsentiert dem Herrgott eine lange Liste von Wünschen mit der eindringlichen Bitte um deren Erfüllung. Hier folgt sein Gedicht in voller Länge:

Gebet

> Gib Liebe mir und einen frohen Mund,
> dass ich dich, Herr der Erde, tue kund;
> Gesundheit gib bei sorgenfreiem Gut,
> ein frommes Herz und einen festen Mut;
> gib Kinder mir, die aller Mühe wert;
> verscheuch die Feinde von dem trauten Herd;
> gib Flügel dann und einen Hügel Sand;
> den Hügel Sand im lieben Vaterland,
> die Flügel schenk dem abschiedsschweren Geist,
> dass er sich leicht der schönen Welt entreißt.

Friedrich Hebbel (1813–1863) indessen richtet sich, »in Schmerz erstarrt«, hilfesuchend nicht an Gott, sondern in einem Gebet voller Verzweiflung und Inbrunst an »Fortuna, die Göttin des Glücks«, mit der Bitte, ihm den letzten Tropfen zu gewähren, der noch an der bereits geleerten Schale des Glücks »verloren am Rande hängt«. Wenn Fortuna diesen einen

Tropfen für ihn fallen lässt, verspricht er ihr »süßeren Dank als die anderen alle, die sie glücklich und reich gemacht hat«:

Gebet

Die du, über die Sterne weg,
mit der geleerten Schale
aufschwebst, um sie am ew'gen Born
eilig wieder zu füllen:
Einmal schwenke sie noch, o Glück,
einmal, lächelnde Göttin!
Sieh, ein einziger Tropfen hängt
noch verloren am Rande,
und der einzige Tropfen genügt,
eine himmlische Seele,
die hier unten in Schmerz erstarrt,
wieder in Wonne zu lösen.
Ach, sie weint dir süßeren Dank
als die anderen alle,
die du glücklich und reich gemacht.
Lass ihn fallen, den Tropfen!

Abschließend folgt nun noch ein Gedicht des unvergessenen **Heinz Erhardt (1909–1979)**, der nicht nur viele humorvolle, sondern auch eine Reihe ernster und besinnlicher Verse geschrieben hat. Zu ihnen gehört u.a. ein Gebet mit der Überschrift *Letzte Bitte*. Gegen Ende seines Lebens dankt er Gott (oder seiner Frau?) für die ihm erwiesene Güte und bittet um Nachsicht gegenüber möglichen Verfehlungen und Versäumnissen:

Letzte Bitte

Der Tag geht nun zur Neige,
und leise kommt die Nacht.
Ich danke dir für alles,
was du für mich gemacht.

Du hast mich stets getröstet,
wenn mir was nicht geglückt,
und hast so oft aus Liebe
ein Auge zugedrückt

Jetzt geht mein Weg zu Ende.
Nun leg ich mich zur Ruh,
so falte meine Hände,
und dann nimm deine Hände:
drück beide Augen zu...

PRISMA Nr. 35 (Oktober 2007 bis Januar 2008)

Schwerpunkt-Thema »Engel«

Es müssen nicht Männer mit Flügeln sein
Vier Gedichte zum Thema »Engel«

Vor fast genau 50 Jahren (1956 und 1957) erschienen in drei verschiedenen Verlagen in Berlin, Bielefeld und München drei Bücher zum Thema »Engel«, die ich mir damals kaufte und in denen ich immer noch gerne blättere. Es waren die Bücher *Gottes Engel brauchen keine Flügel* von *Claus Westermann*, *Die Welt ist voller Engel* von *Rudolf Hempel* und *Begegnung mit Engeln*, herausgegeben von *Alfons Rosenberg*. Während Claus Westermann sein Augenmerk (und das des Lesers) in erster Linie auf das Vorkommen von Engeln im Alten und Neuen Testament sowie auf die unterschiedlichsten Darstellungen von Engeln in der Bildenden Kunst richtet, enthält das Buch von Alfons Rosenberg darüber hinaus zwei Beiträge über die Rolle von Engeln in der Gegenwart, und zwar die Wiedergabe eines Vortrages von *Bischof D.W. Stählin* in der Evangelischen Akademie Tutzing mit dem Titel *Der Engel in unseren Tagen* sowie einen ausführlichen Anhang über *Begegnungen mit Engeln*. Rudolf Hempel schließlich löst sich vollends von den althergebrachten Vorstellungen und Bildern von Engeln und beweist dem Leser mit Hilfe von 25 teils spannenden, teils recht amüsanten Erzählungen eindrucksvoll und unwiderlegbar, dass auch heute noch »die Welt voller Engel ist«.

Auch die vier Gedichte, die wir Ihnen nachfolgend vorstellen möchten, öffnen uns die Augen für Engel, denen wir im täglichen Leben oft unvermittelt begegnen. Das erste Gedicht schrieb der auf Helgoland geborene Autor **James Krüss (1926–1997)**, Verfasser vieler bekannter Kinderbücher, darunter *Mein Urgroßvater und ich* und *Der Leuchtturm auf den Hummerklippen*. James Krüss ist davon überzeugt, dass jeder von uns ein Engel sein kann:

Jederzeit ein Engel sein

Jeder wünscht sich jeden Morgen
irgend etwas – je nachdem.
Jeder hat seit jeher Sorgen,
jeder jeweils sein Problem.

Jeder jagt nicht jede Beute.
Jeder tut nicht jede Pflicht.
Jemand freut sich jetzt und heute,
jemand anders freut sich nicht.

Jemand lebt von seiner Feder,
jemand anders lebt als Dieb.
Jedenfalls hat aber jeder
Jeweils irgend jemand lieb.

Jeder Garten ist nicht Eden,
jedes Glas nicht voller Wein.
Jeder aber kann für jeden
jederzeit ein Engel sein.

Ja, je lieber und je länger
jeder jedem jederzeit
jedes Glück wünscht, umso enger
leben wir in Ewigkeit.

Auch **Rudolf Otto Wiemer (1905–1998)**, der bereits vor 50 Jahren eine Sammlung unkonventioneller weihnachtlicher Erzählungen mit dem Titel *Die Nacht der Tiere* veröffentlichte und auch als Kinderbuchautor hinlänglich bekannt wurde, vertritt die Überzeugung, dass Engel keine Flügel, kein Schwert und kein weißes Gewand haben müssen, um ihre segensreiche Aufgabe zu erfüllen.

Es müssen nicht Männer mit Flügeln sein,
die Engel.
Sie gehen leise, sie müssen nicht schrei'n,
oft sind sie alt und hässlich und klein,
die Engel.

Sie haben kein Schwert, kein weißes Gewand,
die Engel.
Vielleicht ist einer, der gibt dir die Hand,
oder er wohnt neben dir, Wand an Wand,
der Engel.

Dem Hungernden hat er das Brot gebracht,
der Engel.
Dem Kranken hat er das Bett gemacht,
und er hört, wenn du ihn rufst, in der Nacht,
der Engel.

Er steht im Weg, und er sagt: Nein,
der Engel.
Groß wie ein Pfahl und hart wie ein Stein –
es müssen nicht Männer mit Flügeln sein,
die Engel.

In einem weiteren Gedicht führt Rudolf Otto Wiemer einen dieser Engel, die wir zutreffenderweise gerne auch »Schutzengel« nennen, in der Gestalt des Rentners »Gottlieb Zille« anschaulich vor Augen:

Der Engel bei Bolt an der Ecke,
der hat heute viel zu tun:
Die Kinder vom Stadtrandviertel,
die rennen auf raschen Schuh'n.

Sie laufen hinter dem Ball her,
der Ball, der rollt und rollt.
Doch die Autos sieht nur der Engel,
und der steht, wie gesagt, bei Bolt –

bei Bolt, dem Schuhwarenladen,
da steht der Engel und wacht.
Er schwingt seinen Stock und gibt
auf die spielenden Kinder acht.

Man weiß, er heißt Gottlieb Zille
und sieht auch genau so aus,
mit Bart und Zigarre und Brille:
Der Rentner vom Hinterhaus.

Zum Schluss folgt nun noch ein Gedicht der viele Jahre lang fast in Vergessenheit geratenen Lyrikerin **Mascha Kaléko (1907–1975)**, deren Gedichte aus der Welt der Großstadt unter dem Titel **Das lyrische Stenogrammheft**, erstmals erschienen im Jahre 1933, der Rowohlt-Taschenbuch-Verlag gerade wieder neu herausgegeben hat. Sie wendet sich in ihrem Gedicht an ihren persönlichen Schutzengel und bittet ihn, er möge auch ihren gefährdeten Sohn auf all seinen Wegen wachsam begleiten und behüten.

An meinen Schutzengel

Den Namen weiß ich nicht. Doch du bist einer
der Engel aus dem himmlischen Quartett,
das einstmals, als ich kleiner war und reiner,
allnächtlich Wache hielt an meinem Bett.

Wie du auch heißt – seit vielen Jahren schon
hältst du die Schwingen über mich gebreitet
und hast, der Toren guter Schutzpatron,
durch Wasser und durch Feuer mich geleitet.

Du halfst dem Taugenichts, als er zu spät
das Einmaleins der Lebensschule lernte.
Und meine Saat, mit Bangen ausgesät,
ging auf und wurde unverhofft zur Ernte.

Seit langem bin ich tief in deiner Schuld.
Verzeih mir noch die eine – letzte – Bitte:
Erstrecke deine himmlische Geduld
auch auf mein Kind und lenke seine Schritte.

Er ist mein Sohn. Das heißt: Er ist gefährdet.
Sei um ihn tags, behüte seinen Schlaf
und füg es, dass mein liebes, schwarzes Schaf
sich dann und wann ein wenig weiß gebärdet.

Gib du dem kleinen Träumer das Geleit.
Hilf ihm vor Gott und vor der Welt bestehen.
Und bleibt dir dann noch etwas freie Zeit,
magst du bei mir auch nach dem Rechten sehen.

Verzeichnis der Dichterinnen und Dichter

Allmers, Hermann (1821–1902)
Anonym (12. Jahrhundert)
von Arnim, Achim (1781–1831)
Brecht, Bertolt (1898–1956)
Carossa, Hans (1878–1956)
von Eichendorff, Joseph Freiherr (1788–1857)
Erhardt, Heinz (1909–1979)
Ernst, Otto (1862–1926)
Falke, Gustav (1853–1916)
Fontane, Theodor (1819–1898)
Fröhmcke, Otto (1867–1941)
Gellert, Christian Fürchtegott (1715–1769)
Hausmann, Manfred (1898–1986)
Hebbel, Friedrich (1813–1863)
Hebel, Johann Peter (1760–1826)
Heine, Heinrich (1797–1856)
Hesse, Hermann (1877–1962)
Hölty, Ludwig (1748–1776)
Holz, Arno (1863–1929)
Kaléko, Mascha (1907–1975)
Kästner, Erich (1899–1974)
Keller, Gottfried (1819–1890)
Krüss, James (1926–1997)
von Liliencron, Detlev (1844–1909)
May, Karl (1842–1912)
Miegel, Agnes (1879–1964)
Mörike, Eduard (1804–1875)
von Münchhausen, Börries Freiherr (1874–1945)
Oltmann-Steil, Mathilde (geb. 1925)
Rilke, Rainer Maria (1875–1926)
Ringelnatz, Joachim (1883–1934)
Schröder, Rudolf Alexander (1878–1962)
Seume, Johann Gottfried (1763–1810)
Storm, Theodor (1817–1888)
Uhland, Ludwig (1782–1846)
Wiemer, Rudolf Otto (1905–1998)
Zweig, Stefan (1881–1942)

Verzeichnis der Gedichte